LAB MANUAL

PREPARED BY

Scott and Jennifer Despain
NORTH CAROLINA STATE UNIVERSITY

¡ARRIBA!

Comunicación y cultura

SECOND EDITION

Eduardo Zayas-Bazán
EAST TENNESSEE STATE UNIVERSITY

Susan M. Bacon
UNIVERSITY OF CINCINNATI

José B. Fernández
UNIVERSITY OF CENTRAL FLORIDA

PRENTICE HALL
Upper Saddle River, New Jersey 07458

President: J. Philip Miller
Associate Editor: María F. García
Editorial Assistant: Heather Finstuen

Senior Managing Editor: Deborah Brennan
Cover Design: Elizabeth Calleja
Cover Illustration: Matt Walton
Illustrations: Andrew Lange
Electronic Realia: Ximena Tamvakopoulos
Manufacturing Buyer: Tricia Kenny

©1997 BY PRENTICE HALL, INC.
A VIACOM COMPANY
UPPER SADDLE RIVER, NEW JERSEY 07458

Printed in the United States of America
10 9 8 7 6 5 4 3 2 1

ISBN 0-13-570243-7

Prentice Hall International (UK) Limited, *London*
Prentice Hall of Australia Pty. Limited, *Sydney*
Prentice Hall Canada Inc., *Toronto*
Prentice Hall Hispanoamericana, S.A., *México*
Prentice Hall of India Private Limited, *New Delhi*
Prentice Hall of Japan, Inc. *Tokyo*
Prentice Hall of Southeast Asia Pte. Ltd, *Singapore*
Editora Prentice Hall do Brasil, Ltda., *Rio de Janeiro*

Contents

Hola, ¿qué tal?

PRIMERA PARTE
¡Así es la vida!

1-1 Listen to the following conversations. After hearing each one, indicate with a checkmark whether the relationship between the people is **formal** or **informal**.

	1	2	3	4	5	6	7	8
Formal								
Informal								

¡ASÍ LO DECIMOS!

1-2 Listen to the following speakers as they initiate a conversation. Then circle the letter that corresponds to the most appropriate response. Then listen and repeat as the speaker gives the correct answer.

1. a. Mucho gusto. Yo soy Paul Martin.

   b. El gusto es mío.

   c. Estoy regular.

2. a. Buenos días.

   b. El gusto es mío.

   c. Bastante bien, gracias.

3. a. Encantada.

   b. El gusto es mío.

   c. Regular, ¿y usted?

4. a. Muchas gracias, soy Bob.

   b. Es Bob.

   c. Me llamo Bob.

5. a. Adiós, buenas tardes.

   b. Muy bien, adiós.

   c. Bastante bien, gracias.

PRONUNCIACIÓN

1-3 You will hear a series of Spanish words. Circle all letters corresponding to the words that contain the **a** sound.

1.   a   b   c   d

2.   a   b   c   d

3.   a   b   c   d

You will now hear a different series of Spanish words. Circle all letters corresponding to the words that contain the **e** sound.

1.   a   b   c   d

2.   a   b   c   d

3.   a   b   c   d

Now listen to a series of Spanish words. Circle all letters corresponding to the words that contain the **i** sound.

1.   a   b   c   d

2.   a   b   c   d

3.   a   b   c   d

You will hear another series of words. Circle all letters corresponding to those that contain the **o** sound.

1.   a   b   c   d

2.   a   b   c   d

3.   a   b   c   d

For this final series, circle all letters corresponding to the words that contain the **u** sound.

1.   a   b   c   d

2.   a   b   c   d

3.   a   b   c   d

1-4 Repeat the following phrases, imitating as closely as possible the speaker's pronunciation.

1. la clase de español

2. el lápiz del profesor

3. ¿Qué tal, Lola?

4. el pupitre y las sillas

5. la luz azul

Estructuras

1-5 Write down the letters as you hear the speaker spell several phrases aloud. The speaker will confirm your responses.

1. _____ _____ _____ _____ _____ / _____ _____ _____ _____ _____.

2. _____ _____ _____ _____ _____ / _____ _____ _____ _____ _____.

3. _____ _____ _____ / _____ _____ _____ _____.

1-6 Read the following words aloud in Spanish and spell them. Then listen and repeat as the speaker gives the correct answer.

MODELO: You see: Marta
             You say: eme-a-ere-te-a

1. español   5. Ricardo

2. gracias   6. regular

3. Jorge   7. llama

4. Víctor   8. Gutiérrez

1-7 You will hear five sentences. Two are questions and three are answers. Your task is to complete the chart below with the sentences you hear on the tape.

PREGUNTA	RESPUESTA
¿Cuántos alumnos hay?	
	Dos pesos.
	Es una mochila.
¿De qué color es?	
¿Qué hay en la mochila?	

1-8 Write out the correct answers to the following addition problems in Spanish. Then listen and repeat as the speaker gives the correct answer.

1. _____

2. _____

3. _____

4. _____

5. _____

6. _____

7. _____

8. _____

 PROPÓSITO...

1-9 Listen to the following conversations and write their numbers next to the corresponding picture. You may need to listen to the conversations more than once.

a. _____

b. _____

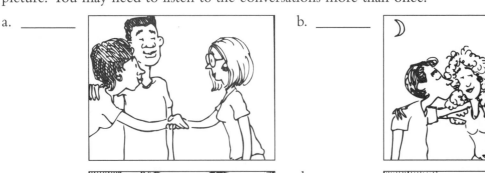

c. _____

d. _____

SEGUNDA PARTE
¡Así es la vida!

1-10 You will hear a conversation that takes place in a classroom. As you listen, check off all the items mentioned in the list. You may need to listen more than once.

_____ borrador	_____ mapa	_____ profesor	_____ sillas
_____ cuadernos	_____ mesa	_____ profesora	_____ piso
_____ estudiantes	_____ mochila	_____ puerta	_____ techo
_____ lápiz	_____ pizarra	_____ pupitres	_____ tiza
_____ libros	_____ pluma	_____ reloj	_____ ventana

¡Así lo decimos!

1-11 You will hear a teacher giving various commands. In each case, number the picture that corresponds to the command.

a. _____

b. _____

c. _____

d. _____

e. _____

f. _____

PRONUNCIACIÓN

1-12 You will hear a series of Spanish words. Indicate the correct number of syllables in each word by placing a checkmark beside the appropriate number. You will hear the correct answer on the tape.

a. 1 _____   2 _____   3 _____   4 _____

b. 1 _____   2 _____   3 _____   4 _____

c. 1 _____   2 _____   3 _____   4 _____

d. 1 _____   2 _____   3 _____   4 _____

e. 1 _____   2 _____   3 _____   4 _____

f. 1 _____   2 _____   3 _____   4 _____

g. 1 _____   2 _____   3 _____   4 _____

h. 1 _____   2 _____   3 _____   4 _____

i. 1 _____   2 _____   3 _____   4 _____

j. 1 _____   2 _____   3 _____   4 _____

1-13 Listen as the speaker pronounces the words listed below and circle the syllable that is stressed.

1. reloj

2. profesor

3. lápiz

4. papel

5. bolígrafo

6. estudiante

7. pupitre

8. Luis

9. Eduardo

10. borrador

STRUCTURAS

Definite and indefinite articles

1-14 Read each of the following sentences, adding the appropriate form of the definite article when necessary. Then listen and repeat as the speaker gives the correct answer.

1. Es _____ profesora García.

2. Buenas tardes, _____ señor Pérez.

3. Soy _____ doctora Méndez.

4. Estudien bien _____ mapa.

5. Cierre _____ puerta, por favor.

6. Abran _____ libro en _____ página 29.

7. Son _____ señores Fernández.

8. Pongan _____ lápices en _____ mesa.

9. Levanten _____ mano.

10. Adiós, _____ señorita Peña.

1-15 Using the cues provided and appropriate forms of the indefinite articles, answer the question: **¿Qué hay en la clase?** Then listen and repeat as the speaker gives the correct answer.

MODELO: You see: puerta
              You say: En la clase hay una puerta.

1. ventanas   6. profesora

2. reloj   7. cuadernos

3. borradores   8. lápices

4. mapa   9. sillas

5. estudiantes   10. libros

Gender and number

1-16 Answer the question: **¿Qué hay en la mochila?** using the cues provided. Then listen and repeat as the speaker gives the correct answer.

MODELO: You see: Tizas / blanco
            You say: En la mochila hay tizas blancas.

1. lápices / azul

2. dos / cuaderno / rojo

3. cuatro / libro / interesante

4. bolígrafos / rojo / verde

5. plumas / negro / azul

1-17 Describe your class using the cues provided. Then listen and repeat as the speaker gives the correct answer.

MODELO: You see: un / pizarra / grande / negra
            You say: En mi clase hay una pizarra grande y negra.

1. 18 / silla / rojo / 17 / pupitre / blanco

2. tres / ventana / grande / dos / luz / redondo

3. dos / estudiante / chileno / un / profesora / colombiano

4. 15 / cuaderno / rojo / 14 / libro / interesante

5. mesa / rojo / 15 / silla / marrón

1-18 Change the following sentences from singular to plural. Then listen and repeat as the speaker gives the correct answer.

1. ¿La pizarra es negra o verde?

2. El profesor es colombiano.

3. La estudiante mexicana es inteligente.

4. El estudiante chileno es trabajador.

5. La mochila azul es francesa.

Now change these sentences from plural to singular. Then listen and repeat as the speaker gives the correct answer.

6. Los libros franceses son interesantes.

7. Los estudiantes españoles son inteligentes.

8. ¿Las tizas son verdes, amarillas o azules?

9. Las paredes son amarillas y las puertas son azules.

10. Los profesores panameños son trabajadores.

SÍNTESIS
Al fin y al cabo

1-19 Four students, Sergio, Fernando, Adriana, and Mónica, are making a list of the school supplies they need. Your task is to fill in their names in the chart below, based on the information provided. You may need to listen more than once.

NOMBRE	BOLÍGRAFO	PLUMA	CUADERNO	PAPEL	LIBRO	LÁPIZ	MOCHILA
				X	X	X	
		X	X				X
	X		X				
		X		X			X

1-20 How would you accomplish the following communication tasks in Spanish? After completing each item, listen and repeat as the speaker gives the correct answer.

1. Request politely that someone open the door.

2. Tell Professor Martín that you are pleased to meet her.

3. Ask if there are some papers on the desk.

4. Tell someone that the classroom is big.

5. Ask how much the books and notebooks cost.

6. Say that they are expensive.

7. Ask your instructor to please repeat the question.

8. Tell two other students to write the exercises with a pen.

PRIMERA PARTE
¡Así es la vida!

2-1 Listen to the following conversation. Then indicate whether each statement below is **C** (**cierto**) or **F** (**falso**) based on what you heard. You may need to listen to the conversation more than once.

1. Marta es argentina.	C	F	6. Clara es trabajadora.	C	F
2. Mateo es mexicano.	C	F	7. Clara es de la capital.	C	F
3. Clara es colombiana.	C	F	8. Mateo es alto.	C	F
4. Marta es inteligente.	C	F	9. Mateo es inteligente.	C	F
5. Mateo es simpático.	C	F	10. Marta es de Bogotá.	C	F

¡ASÍ LO DECIMOS!

2-2 Listen to the following questions and circle *all* letters corresponding to logical answers. There may be more than one logical answer for each question.

1. a. José Blanco…

   b. Se llama José.

   c. Me llamo José.

2. a. Están muy bien, gracias.

   b. Inteligentes y trabajadores.

   c. Buenos y gordos.

3. a. Sí, ¿tú también?

   b. Sí, de Caracas, la capital.

   c. Sí, colombianos de Cali.

4. a. En México.

   b. No, soy mexicano ¿y tú?

   c. En México. ¿Verdad?

5. a. No, la capital es Washington, D.C.

   b. No, pero es una ciudad importante.

   c. No, es la capital.

6. a. Es de un estudiante panameño.

   b. Es de Panamá, de la capital.

   c. Son de mis padres.

Nombre: _____   Fecha: _____

RONUNCIACIÓN

2-3 Listen to the speaker and concentrate on the linking within breath groups in each of the following phrases. Repeat each phrase twice during the pauses.

1. Él es el profesor.

2. ¿Cómo eres tú?

3. El mundo hispánico es enorme.

4. Rodolfo es de la República Dominicana.

5. ¿Cómo está usted?

STRUCTURAS

Subject pronouns/The verb *ser*

2-4 Ana, an Argentinian student, is describing a picture of three of her friends, Andrea, Eric and Pablo. Listen to the description and complete the following sentences with the appropriate subject pronouns, as well as forms of the verb **ser**.

Hola, (1) _____ (yo) Ana. Las tres personas en la foto (2) _____ mis amigos,

Andrea, Pablo y Eric. Nosotros (3) _____ de diferentes países. (4) _____ soy

de Mar del Plata, una ciudad al sur (*south*) de Buenos Aires, la capital de Argentina. La chica en la

foto (5) _____ Andrea. (6) _____ somos inseparables. (7) _____ es

baja y delgada. Andrea (8) _____ colombiana pero los padres de Andrea

(9) _____ panameños. Andrea y yo (10) _____ estudiantes de medicina. El

chico del centro (11) _____ Pablo. (12) _____ es de España pero también

(13) _____ estudiante en la universidad. Pablo (14) _____ muy simpático y

trabajador. El otro chico es Eric. Eric (15) _____ también simpático, pero en mi

opinión, (16)_____ es un poco perezoso. Eric (17) _____ alto y un poco

gordo. Pablo (18) _____ delgado y un poco bajo. (19) _____ son muy

inteligentes. (20) _____ somos muy buenos amigos.

2-5 Answer the following questions affirmatively, using the appropriate subject pronouns, as well as forms of the ver **ser**. Then listen and repeat as the speaker gives the correct answer.

MODELO: You hear: ¿Somos Elvira y yo inteligentes?
         You say: Sí, ustedes son inteligentes.

1. Sí, …   7. Sí, …

2. Sí, …   8. Sí, …

3. Sí, …   9. Sí, …

4. Sí, …   10. Sí, …

5. Sí, …   11. Sí, …

6. Sí, …   12. Sí, …

2-6 Give the nationality of the following people and ask where the second person is from. Then listen and repeat as the speaker gives the correct answer.

MODELO: You see: Marta / argentina / tú
         You say: Marta es argentina. ¿De dónde eres tú?

1. Marcos y Eric / Puerto Rico / Ana

2. Ana / Bolivia / ustedes

3. nosotros / República Dominicana / usted

4. yo / Panamá / Lucía y Roberto

5. Lucía y Roberto / Colombia / tú

2-7 Change the following statements to questions by inverting the subject and the verb. Then listen and repeat as the speaker gives the correct answer.

MODELO: You see: Usted es puertorriqueño.
         You say: ¿Es usted puertorriqueño?

1. Andrea y Eric son amigos.

2. Tú eres perezoso.

3. Nosotros somos altos y grandes.

4. Clara es antipática.

5. Yo soy muy baja.

6. Ustedes son muy inteligentes.

2-8 Answer the following questions negatively. Then listen and repeat as the speaker gives the correct answer.

MODELO: You see: ¿Es usted puertorriqueño?

            You say: No, yo no soy puertorriqueño.

1. ¿Son Andrea y Eric amigos?

2. ¿Eres tú perezoso?

3. ¿Somos nosotros altos y grandes?

4. ¿Es Clara antipática?

5. ¿Soy yo muy baja?

 PROPÓSITO...

2-9 Look at the following wedding invitations. Then answer the questions you hear according to what you have learned in the **A propósito...** section of this lesson.

JUSTO ROBERTO AGUILAR ZAPATA Y NELIDA E. CLÉRICI DE AGUILAR ZAPATA PARTICIPAN A USTED EL CASAMIENTO DE SU HIJA MARÍA FERNANDA CON EL SEÑOR GUILLERMO A. DEL GROSSO Y LE INVITAN A PRESENCIAR LA CEREMONIA RELIGIOSA QUE SE EFECTUARÁ EN LA PARROQUIA SAN PÍO X. EL SÁBADO 14 DEL CORRIENTE A LAS 11 Y 30.

DICIEMBRE DE 1996

LOS NOVIOS SALUDARÁN EN EL ATRIO LUIS VERNET 1951

Carina Livingston
Victor Albert Berisso
participan a Ud. Su casamiento, que se efectuará
el día 7 de septiembre de 1996
Buenos Aires 1996

Agustín José Cerruti
Susana T. Carolina Jiménez de Cerruti
Y
Duilio Francisco Bisceglia
Rosa de Luca de Bisceglia
participan a usted el casamiento de sus hijos
Leticia y Marcelo
y le invitan a presenciar la ceremonia religiosa
que se celebrará en la
Iglesia Santiago Apóstol
el sábado 11 de enero a las 16 y 30.

Buenos Aires, 1997

Los novios saludarán
en el atrio
Pte. Richieri 3189

1. a. _____

   b. _____

2. a. _____

   b. _____

3. a. _____

   b. _____

4. a. _____

   b. _____

5. a. _____

   b. _____

SEGUNDA PARTE

¡Así es la vida!

2-10 Listen to the following conversation among three students at the university cafeteria. Then circle all letters corresponding to statements that are correct according to what you hear. Listen to the tape as many times as necessary to find all the correct statements.

1. Ana está …

   a. bastante mal.

   b. bastante bien.

   c. más o menos.

2. Manuel …

   a. está más o menos.

   b. está bastante bien.

   c. tiene que trabajar.

3. Pedro y Ana son …

   a. amigos.

   b. simpáticos.

   c. estudiantes.

4. Manuel y Pedro son …

   a. amigos.

   b. estudiantes.

   c. mexicanos.

5. Ana …

   a. estudia administración de empresas.

   b. estudia ingeniería.

   c. trabaja en una empresa.

6. Pedro …

   a. estudia y trabaja.

   b. tiene una fiesta.

   c. practica tenis.

7. Manuel …

   a. estudia y trabaja.

   b. practica fútbol.

   c. practica tenis.

8. Ana …

   a. practica tenis.

   b. camina.

   c. tiene un examen de inglés.

¡ASÍ LO DECIMOS!

2-11 Circle the letter corresponding to the most logical answer to each question you hear. Then listen and repeat as the speaker gives the correct answer.

1. a. Sí, hablo francés.

   b. No, hablo francés.

   c. Sí, hablas alemán.

2. a. No, trabajamos por las tardes.

   b. Sí, practicas fútbol.

   c. Sí, vamos a nadar por las tardes.

3. a. Sí, tiene un examen.

   b. Sí, tiene que trabajar.

   c. Sí, tiene práctica de fútbol.

4. a. Sí, esta noche caminamos con él.

   b. Sí, vamos a conversar con él.

   c. Sí, vas a mirar los libros y conversar

   un poco.

5. a. Estudio esta noche y mañana.

   b. Estudian con amigos.

   c. Yo estudio derecho y Pedro estudia geografía.

6. a. Estudio, nado y miro televisión, ¿y tú?

   b. Estudiamos, nadamos y miramos televisión,

   ¿y ustedes?

   c. Bailo, esta noche.

7. a. Estudiamos por la tarde.

   b. Estudian en la cafetería.

   c. Estudiamos y practicamos tenis.

8. a. Estudio historia con Raúl.

   b. ¡Hombre, porque es interesante!

   c. El doctor Marchena es el profesor de historia.

PRONUNCIACIÓN

2-12 Repeat the following questions, paying careful attention to the intonation patterns used by the speaker.

1. ¿De dónde es María?

2. ¿Cómo es la profesora?

3. ¿Paco es alto?

4. ¿Ellos son españoles?

5. ¿Cuándo es la clase?

6. ¿Cuál es la capital de Colombia?

7. ¿Tú eres perezosa?

8. ¿Quiénes son los estudiantes?

2-13 Listen carefully to the intonation patterns in the following sentences. Check the appropriate column to indicate whether the sentence is a question or a statement.

MODELO: You hear: ¿Juan es alto?
            You mark: Question

	QUESTION	STATEMENT		QUESTION	STATEMENT
1.	_____	_____	5.	_____	_____
2.	_____	_____	6.	_____	_____
3.	_____	_____	7.	_____	_____
4.	_____	_____	8.	_____	_____

ESTRUCTURAS

The present indicative tense of *-ar* verbs

2-14 Tell what the following people are doing using the words provided. Then listen and repeat as the speaker gives the correct answer.

MODELO: You see: Nosotros / tener / examen / mañana
                  You say: Nosotros tenemos un examen mañana.

1. yo / practicar / fútbol / por las tardes

2. ¿tú / tener / un examen de portugués / mañana?

3. ella /nadar / y / ser / muy delgada

4. usted / trabajar / en la librería / ¿cierto?

5. nosotros / conversar / con el profesor Pérez. / Él / hablar / muy bien el inglés

6. Ángela y Rita / mirar / mucho la televisión

2-15 Answer the following questions using the words provided. Then listen and repeat as the speaker gives the correct answer.

MODELO: You hear: ¿Miramos televisión o preparamos el examen?
                You see: nosotros / mirar / televisión / ustedes / preparar / el examen
                You say: Nosotros miramos televisión y ustedes preparan el examen.

1. Sí / yo / bailar / salsa

2. Sí / practicar / fútbol

3. Ana / escuchar / radio / yo / mirar / televisión

4. no / por las tardes / estudiar / inglés

5. yo / trabajar / pero / Manuel no

6. (yo) / mirar / Nova

7. (nosotros) / estudiar / historia / esta noche / y / practicar / italiano mañana

8. ustedes / mirar / los ejercicios / y / yo / conversar / con / profesora Cascante

9. Ana y Manuel / conversar / con Juan

10. no / (yo) / tener que / preparar / un examen

The verb *tener*

2-16 Using appropriate forms of **tener**, tell what is happening to the following people. Then listen and repeat as the speaker gives the correct answer.

1. yo / frío

2. tú / razón

3. usted / calor, ¿verdad?

4. nosotros / mucha sed

5. Ana / sueño

6. Manuel y Federico / hambre

7. el chico / miedo de los leones

8. mis padres siempre / cuidado

9. yo / que estudiar inglés esta tarde

2-17 Answer the following questions affirmatively. Then listen and repeat as the speaker gives the correct answer.

MODELO: You hear: ¿Tienes sed?
            You say: Sí, tengo sed.

1. Sí, …   6. Sí, …

2. Sí, …   7. Sí, …

3. Sí, …   8. Sí, …

4. Sí, …   9. Sí, …

5. Sí, …

S Í N T E S I S
Al fin y al cabo

2-18 Listen to the description of four different people, Dolores, Martín, Manuel and Susana. Then complete the chart below according to the information you hear. You may need to listen to the description more than once.

NOMBRE	AÑOS	NACIONALIDAD	ESTUDIA	TRABAJO	DEPORTE	IDIOMA
		colombiano			fútbol	portugués
	22					español
	20	cubana			tenis	
			derecho	Univ. de México		francés y alemán

2-19 After listening to the description of Meche and her husband Toño, indicate whether the statements below are **C** (**cierto**) or **F** (**falso**).

1. Los Latorre son Mercedes y Antonio.   C   F

2. Meche es perezosa y delgada.   C   F

3. Meche es venezolana.   C   F

4. Antonio es estudiante.   C   F

5. Meche enseña español.   C   F

6. Toño tiene 30 años.   C   F

7. Meche trabaja en la Universidad Nacional de Caracas.   C   F

8. Ellos tienen muchos amigos.   C   F

9. Antonio prepara clases.   C   F

10. Ellos conversan mucho.   C   F

2-20 Read the following résumé and answer the questions you hear. Listen to each question as many times as necessary.

CARLOS TAPIA

Dirección:	Boyacá 2464 y 9 de Octubre, 3er piso
	Guayaquil, Ecuador
Nacionalidad:	Argentina
Edad:	22 años

EDUCACIÓN

1990/1995	Bachiller, Colegio Nacional, San Isidro, Buenos Aires
1996/Presente	Estudiante, Facultad de Filosofía y Letras, Universidad de Guayaquil
1995/Presente	Estudiante, Alianza Francesa, Curso de Traducción

TRABAJOS

1995/Presente	Librería "Las Guayas", Encargado de Ventas

IDIOMAS

Francés, italiano, inglés y español

DEPORTES Y TIEMPO LIBRE

Fútbol, natación y buceo
Viajes y *camping*
Lectura, cine y teatro

1. _____

2. _____

3. _____

4. _____

5. _____

6. _____

7. _____

8. _____

9. _____

2-21 Answer the following personal questions using complete Spanish sentences.

1. _____

2. _____

3. _____

4. _____

5. _____

6. _____

7. _____

8. _____

9. _____

10. _____

¿Qué estudias?

PRIMERA PARTE

¡Así es la vida!

3-1 Listen to the following conversation and circle the letters for *all* statements that are correct according to the dialog. Listen to the tape as many times as necessary.

1. Las personas van …

   a. en autobús.

   b. a la universidad.

   c. a la clase de música.

2. Ella toma … este semestre.

   a. cuatro materias

   b. tres materias

   c. tres materias aburridas

3. Él toma … este semestre.

   a. seis materias

   b. tres materias por la mañana

   c. tres materias por la noche

4. La profesora Corrales es …

   a. profesora de música.

   b. exigente.

   c. aburrida.

5. Él y sus compañeros van a …

   a. la clase de música.

   b. la cafetería.

   c. conversar con la profesora de música.

 ¡ASÍ LO DECIMOS!

3-2 Listen to the questions and circle the letter that corresponds to the most logical answer. Then listen to the correct answers given by the speaker.

1. a. En la biblioteca yo estudio álgebra.

   b. Álgebra, química, historia e inglés.

   c. Me gustan álgebra y química.

2. a ¿Estás loco? ¡Él es muy exigente!

   b. No chico, me gusta la clase.

   c. Sí, conozco a la profesora.

3. a. Es a las nueve en punto.

   b. Mi reloj tiene las nueve en punto.

   c. Es a las nueve por la mañana.

4. a En agosto.

   b. En enero y febrero.

   c. En junio y julio.

5. a. No, tengo solamente 250.

   b. Si, tengo 30 pesetas.

   c. No, tengo solamente 330.

6. a. Inés estudia en la UBA (Universidad de Buenos Aires).

   b. En la Facultad de Filosofía.

   c. En la biblioteca de la facultad.

PRONUNCIACIÓN

3-3 You will hear a series of words containing the letters **b** and **v** chica. Repeat each word or phrase after the speaker. Be sure to pronounce them with your lips pressed together.

1. veces

2. biblioteca

3. vida

4. visitantes

5. buenos

6. también

7. un beso

8. bola

9. tambor

10. baile

3-4 You will hear a series of words that contain the letters **b** and **v chica** within a breath group. Your lips should not be completely closed, letting air pass through them. Repeat each word or phrase after the speaker.

1. resolver

2. yo voy a hablar

3. no vamos

4. el banco

5. los labios

6. es buena persona

7. una visita

8. estoy bastante preocupado

9. muy bien

10. el viernes

 **STRUCTURAS**

Telling time

3-5 Answer the questions you hear using the times given below. Then listen and repeat the correct answer after the speaker. You may need to listen to each question more than once.

MODELO: You hear: ¿A qué hora tomas el autobús?
You see: 7:45
You say: Tomo el autobús a las ocho menos cuarto de la mañana.

1. 20:45

2. 7:15

3. 9:30

4. 8:00 (sharp)

5. 13:10

6. 24:00

3-6 Listen to the description of a typical day in the lives of three students. Then answer the questions below according to the information you hear. You may wish to listen to the description more than once.

1. ¿A qué hora toman el autobús María e Inés por la mañana?

2. ¿Cuándo asiste Inés a clases?

3. ¿A qué hora va Pablo a practicar inglés?

4. ¿A qué hora termina María sus clases?

5. ¿A qué hora llegan los chicos a la casa?

6. ¿A qué hora es la comida?

Giving the date

3-7 Tell on what date the following events occur each year. Then listen and repeat as the speaker gives the correct answer.

1. El primer (*first*) día de primavera.

2. El primer día de invierno.

3. El primer día de verano.

4. El Día de la Independencia de los Estados Unidos.

5. El Día de San Valentín.

6. La Navidad (*Christmas*).

3-8 Give the following dates in Spanish. Then listen and repeat as the speaker gives the correct answer.

1. 15/10	4. 16/1	7. 7/4
2. 12/2	5. 2/11	8. 13/3
3. 5/8	6. 20/5	9. 9/6

3-9 Complete each statement with the appropriate day of the week. Then listen and repeat as the speaker gives the correct answer.

1. Hoy es lunes, mañana es …

2. Hoy es jueves, mañana es …

3. Hoy es martes, mañana es …

4. Hoy es viernes, mañana es …

5. Hoy es miércoles, mañana es …

6. Hoy es domingo, mañana es …

7. Hoy es sábado, mañana es …

3-10 Solve the following addition problems out loud in Spanish. Then listen and repeat as the speaker gives the correct answer.

1. 200.000 + 300.000 =

2. 180.000 + 1.000.000 =

3. 33 + 27 =

4. 64 + 36 =

5. 29 + 11 =

6. 1.000 + 3.484 =

7. 104 + 6 =

8. 100 + 21 =

Possessive adjectives

3-11 Complete each sentence with the appropriate possessive adjective. Then listen and repeat as the speaker gives the correct answer.

MODELO: You see: Yo miro _____ libros.
                    You say: Yo miro mis libros.

1. Nosotras leemos _____ libros.

2. Ellas escuchan a _____ profesoras.

3. ¿Tú tienes _____ material?

4. Pablo está en _____ clase de inglés.

5. Yo escribo en _____ cuaderno.

6. ¿Ustedes están en _____ casa por la noche?

3-12 Using the appropriate possessive adjective, answer each question affirmatively. Then listen and repeat as the speaker gives the correct answer.

1. ¿Es la clase de la profesora Villalobos?

   Sí, …

2. ¿Es el libro de nosotros?

   Sí, …

3. ¿Es el profesor de ustedes?

   Sí, …

4. ¿Son tus diccionarios?

   Sí, …

5. ¿Son los cuadernos de Inés?

   Sí, …

6. ¿Es mi profesora?

   Sí, …

The present tense of the verbs *ir* and *dar*

3-13 Using the words provided, tell where the following people are going. Then listen and repeat as the speaker gives the correct answer.

MODELO: You see: yo / a mi clase
                   You say: Yo voy a mi clase.

1. Yo / a la Facultad de Medicina

2. Tú / a tu casa

3. Ud. / a la biblioteca

4. Ella / al laboratorio de lenguas

5. Nosotras / a la Facultad de Filosofía

6. Ellos / a la cafetería

3-14 Answer the following questions affirmatively. Then listen and repeat as the speaker gives the correct answer.

1. ¿Van tus amigas a clase?

   Sí, …

2. ¿Va tu profesor a la biblioteca?

   Sí, …

3. ¿Damos una fiesta en nuestra casa?

   Sí, …

4. ¿Vas a tu clase de química?

   Sí, …

5. ¿Voy a tu casa ahora?

   Sí, …

6. ¿Da tu profesora muchos exámenes?

   Sí, …

¡Así es la vida!

3-15 Listen to the following conversation among three students. Then read the statements below regarding what you have heard. Each statement is followed by three items. Circle *all* items to which the statement applies. You may need to listen to the conversation more than once.

1. Estudia(n) biología:

   a. Pablo

   b. Inés

   c. Elena

2. Necesita(n) ir a la biblioteca de música hoy:

   a. Inés

   b. Pablo

   c. Elena

3. Está enfrente del laboratorio de lenguas:

   a. la librería

   b. la biblioteca de música

   c. la cafetería

4. Está al lado de la librería:

   a. la biblioteca de música

   b. la cafetería

   c. el laboratorio de lenguas

 SÍ LO DECIMOS!

3-16 Complete the following sentences with the most logical choice. Then listen and repeat as the speaker gives the correct answer.

1. La cafetería …

   a está cerca de la biblioteca.

   b. está en mi casa.

   c. vende libros.

2. Mi amigo chileno siempre …

   a. es cerca de la biblioteca.

   b. toma leche en el almuerzo.

   c. es necesario el refresco.

3. El novio de mi amiga …

   a. es lejos de casa.

   b. están detrás de la facultad de derecho.

   c. está enfermo.

4. La rectoría está …

   a. enferma.

   b. al lado de la cafetería.

   c. después del café.

5. Usted está en la cafetería y desea una hamburguesa. Usted dice:

   a. Con permiso, una hamburguesa.

   b. Perdón, una hamburguesa.

   c. Por favor, una hamburguesa.

RONUNCIACIÓN

3-17 You will hear a series of words which contain the Spanish **k** sound represented by the combinations **qu**, **ca**, **co**, **cu**, and the letter **k**. Listen and repeat each word after the speaker. Be sure to avoid the puff of air.

1. calculadora
2. kilo
3. queso
4. kiosco
5. Colón

6. que
7. casa
8. cosa
9. cura
10. caso

3-18 You will now hear the s sound represented by the combinations **ce**, **ci**, and the letter **z**. Listen and repeat each word after the speaker.

1. zapato
2. cesto
3. cine
4. gracias
5. cerveza

6. ciudad
7. cemento
8. cita
9. taza
10. hace

STRUCTURAS

The verb *estar*

3-19 Tell where the following people and places are, using the words provided. Then listen and repeat as the speaker gives the correct answer.

1. Mis amigos y yo / cerca de la biblioteca
2. Tú / enfrente de la cafetería
3. La Facultad de Medicina / detrás de la biblioteca
4. Yo / en el centro estudiantil
5. La Facultad de Arte y la Facultad de Ciencias / lejos

3-20 Answer the questions you hear using the appropriate form of the word or phrase provided. Then listen and repeat as the speaker gives the correct answer.

1. aburrido

2. enfermo

3. muerto de cansancio

4. ocupado

5. muy enfadado

The present tense of *-er* and *-ir* verbs

3-21 Answer the questions you hear using the words provided. Then listen and repeat as the speaker gives the correct answer.

1. Yo / el libro de historia

2. Nosotros / cerca de la universidad

3. Ellas / que el laboratorio de química está detrás de la rectoría

4. usted / un microscopio

3-22 Answer the questions you hear using the **nosotros** form of the verb and the cues provided. Then listen and repeat as the speaker gives the correct answer.

MODELO: You hear: ¿A qué hora abren ustedes por la mañana?
            You see: 9:00
            You say: Abrimos a las nueve.

1. leche

2. dónde estudiar esta tarde

3. un trabajo para la clase de historia

4. en ir a estudiar a casa esta tarde

5. mucho

6. mate o café

7. estudiar más

8. que está enfrente de la Facultad de Derecho

The present progressive

3-23 Look at the pictures below and tell what the people are doing using the cues provided. Then listen and repeat as the speaker gives the correct answer.

Tú (dormir)

Nosotros (hablar)

Juan (pensar)

Un sándwich, por favor.

Yo (pedir)

Pedro (comer)

Teresa (escribir)

Nosotros (correr)

Tú (leer)

Carlota y Lupe (cantar)

3-24 Tell what the following people are doing using the words provided. Then listen and repeat as the speaker gives the correct answer.

1. el inspector Tirofijo / seguir / las pistas (clues)

2. ella / dormir

3. nosotros / discutir / una novela de Carpentier

4. tú / mirar / la televisión

5. ustedes / repetir / la lección

6. yo / hablar / con el doctor

7. Ana y Cecilia / pedir / hamburguesas

S Í N T E S I S
Al fin y al cabo

3-25 Four different people are going on trips to different places. Figure out their destinations, flight numbers and departure dates, based on the clues you hear. Listen to the clues as often as necessary to complete the chart.

NOMBRE	DESTINO	VUELO	FECHA
	Miami		18/12
	Madrid		30/12
		201	
	Lima		28/6

3-26 Tell what you and your friends are doing, using the words provided. Then listen and repeat as the speaker gives the correct answer.

1. yo / ir / Facultad de Medicina

2. luego Susana y yo / ir / cafetería

3. Pablo / aprender / mucho / clase de historia

4. hoy / él y Pedro / ir / a casa a estudiar

5. tú / ir / biblioteca, ¿verdad?

6. perdón / ¿ustedes / comer / en casa?

7. yo / estar / aburrido / de la comida / cafetería

8. Inés / trabajar / estudiar / leer / biblioteca

3-27 How would you carry out the following communication tasks in Spanish? After responding, listen and repeat as the speaker gives the correct answer.

1. Tell your girlfriend that she has your pen.

2. Ask Inés if her boyfriend is sick.

3. Tell your teacher that you are in a hurry because your algebra class is at 3:00 and it is 2:55.

4. Ask your friend at what time is his chemistry class.

5. Tell your classmate that you are going to the language lab to practice the Spanish exercises.

6. Ask your roommate if he is selling his books.

Las relaciones personales

PRIMERA PARTE
¡Así es la vida!

4-1 Listen to the following conversation. Then circle *all* the letters corresponding to statements that are correct according to what you heard. Listen to the tape as many times as necessary to find all the correct statements.

1. Ángeles …

    a. es la hermana de Juana.

    b. es la hermana de Ester.

    c. es menor que Ester.

2. Federico …

    a. es el cuñado de Ester.

    b. es el padre de Ana.

    c. es el padre de Susana.

3. Susana …

    a. es la hermana mayor de Ana.

    b. trabaja por las tardes.

    c. es sobrina de Juana.

4. Ana …

    a. es la hermana de Ester.

    b. es la sobrina de Ester.

    c. es la hija de Ángeles y Federico.

5. Ester …

    a. tiene tanto dinero como Juana.

    b. tiene menos dinero que Juana.

    c. tiene tres sobrinas.

6. Carlota …

    a. está más ocupada que Ester.

    b. es la tía de Ester.

    c. tiene una sobrina.

7. Los padres de Juana …

    a. están enfermos.

    b. están trabajando mucho.

    c. no trabajan tanto como Juana.

8. Los abuelos de Juana …

    a. tienen una nieta.

    b está trabajando en la casa.

    c. no están tan bien como los padres de

    Juana.

¡ASÍ LO DECIMOS!

4-2 Looking at the family tree, answer the questions logically using expressions and vocabulary from **¡Así lo decimos!** Then listen and repeat as the speaker gives the correct answer.

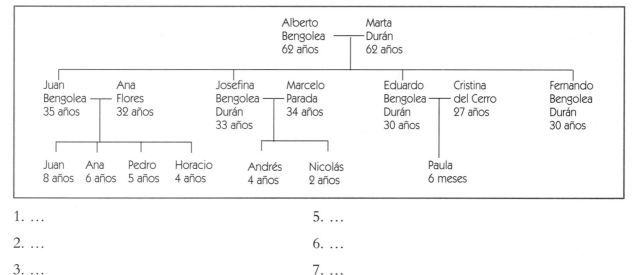

1. …   5. …

2. …   6. …

3. …   7. …

4. …   8. …

PRONUNCIACIÓN

4-3 You will hear a series of Spanish words that begin with the letter **d** or have a **d** at the beginning of a breath group. Repeat each word after the speaker.

1. diaria   6. aldea

2. después   7. andando

3. dónde   8. día

4. desgracia   9. grande

5. dentro   10. dormir

4-4 Now you will hear a series of Spanish words and phrases that contain the interdental **d**. Repeat the word of phrase after the speaker.

1. vida   6. idea

2. sábado   7. residencia de estudiantes

3. estudiantil   8. con usted

4. ideal   9. buenos días

5. nadar   10. tarde

4-5 Now you will hear a series of Spanish words that begin with the **t** sound. Repeat each word after the speaker.

1. Tomás
2. tienes
3. traer
4. Texas
5. también

6. taco
7. tomamos
8. todos
9. té
10. trópico

 **STRUCTURAS**

Comparisons of equality

4-6 Compare what the following people have, using the words provided. Then listen and repeat as the speaker gives the correct answer.

MODELO: You see: Ana / primos / yo
            You say: Ana tiene tantos primos como yo.

1. la abuela Dora / nietas / el abuelo Enrique
2. tía Clara / sobrinos / tío Ernesto
3. yo / primas / tú

4. Enrique / nueras / papá
5. tu nuera / años / mi yerno
6. Papá y mamá / hijos / mi suegra

4-7 Compare the following people using the cues provided. Then listen and repeat as the speaker gives the correct answer.

MODELO: You see: Ana / ser / amable / yo
            You say: Ana es tan amable como yo.

1. mi sobrino / ser / inteligente / su padre

2. mi hijo / caminar / rápidamente / su tío

3. tu nieta / ser / simpática / tu hija

4. yo / ser / alto / mi padre

5. tú / hablar / español / bien / tu abuelo

Comparisons of inequality

4-8 Compare the following people using the cues provided. Then listen and repeat as the speaker gives the correct answer.

MODELO: You see: Ana / + / alta / Pablo
                    You say: Ana es más alta que Pablo.

1. Susana / + / baja / Pedro

2. mi hijo / - / aburrido / yo

3. tu sobrina / + / amable / tu sobrino

4. nuestros nietos / + / ricos / nosotros

5. yo / hablar / - / francés / tú

6. mi abuelo / tener / - / 70 años

7. mi madre / tener / + / 5 hijos

8. tu hijo / tener / - / 20 años

4-9 Listen to the descriptions of Elena and Mariana, and answer the questions that follow. Then listen and repeat as the speaker gives the correct answer.

1. ¿Quién tiene menos años?

2. ¿Quién es más alta?

3. ¿Quién es más inteligente?

4. ¿Quién tiene menos hermanos?

5. ¿Quién es más simpática?

Superlatives

4-10 Describe the following people using the cues provided. Then listen and repeat as the speaker gives the correct answer.

MODELO: You see: Ana / + / inteligente / la familia
                 You say: Ana es la más inteligente de la familia.

1. Josefina / – / simpática / la clase

2. Pedro / + / alto / los hermanos

3. mi sobrina Ana / + / joven / mis sobrinas

4. mi suegra / mejor / del mundo

5. el papá de Ana / peor / profesor / la universidad

6. el auto rojo / – / nuevo / todos

4-11 Look at the chart below and answer the questions you hear. Then listen and repeat as the speaker gives the correct answer.

NOMBRE	AÑOS	HIJOS	PRIMOS	HERMANOS	VIVIR A	TRABAJAR
Agustín	28	1	6	2	10 km	8 h
Martín	29	0	5	3	15 km	4 h
Sandra	28	2	12	4	20 km	8 h
Pilar	25	1	0	4	10 km	10 h

1. …

2. …

3. …

4. …

5. …

6. …

7. …

8. …

9. …

19. …

11. …

12. …

Summary of uses of *ser* and *estar*

4-12 Make complete sentences using the appropriate form of **ser** or **estar** and the cues provided. Then listen and repeat as the speaker gives the correct answer.

MODELO: You see: mis padres / de España
            You say: Mis padres son de España.

1. el padre de Álvaro / guatemalteco

2. el primer día de primavera / el 20 de marzo

3. Marcos / hablando por teléfono y Fernando / leyendo un libro

4. la biblioteca / allí, detrás de la Facultad de Medicina

5. mis sobrinos / tristes porque mi hermana no / aquí

6. hoy / la fiesta en casa de mi hermana y mis sobrinos / muy contentos

7. mi padre / bajo y gordo y mi madre / baja pero delgada

8. el concierto / en el Teatro Cervantes

4-13 Complete each description with the correct form of **ser** or **estar** and the appropriate adjective. Then listen and repeat as the speaker gives the correct answer.

MODELO: Los nietos (*to be sick*)   __están enfermos.__

1. Las sobrinas (*to be bad*) _____.

2. El tío José (*to be ugly*) _____.

3. La tía Josefina (*to look pretty*) _____.

4. Tus primos (*to be clever*) _____.

5. Mis hijos (*to be ready*) _____.

6. Tu suegra (*to be funny*) _____.

¡Así es la vida!

4-14 Listen to the following conversation. Then indicate whether the statements that follow are **C (cierto)** or **F (falso)**.

1. Jorge invita a Ana al cine.	C	F
2. Almodóvar es el director favorito de Ana.	C	F
3. La película empieza a las siete y media.	C	F
4. Santiago va al cine con sus amigos.	C	F
5. Ana pasa por Jorge.	C	F

¡ASÍ LO DECIMOS!

4-15 Complete the following dialogs by circling the letter corresponding to the most logical expression given below. Then listen and repeat as the speaker gives the correct answer.

1. a. Sí, con Jorge, por favor.

   b. Bueno.

   c. Aló.

2. a. Bueno.

   b. Pues, llamaba para ver si quieres ir al cine.

   c. Habla Pablo. ¿Quién habla?

3. a. Sí, con Ana, por favor.

   b. Esta noche, lo siento pero no puedo.

   c. Te llamo para ver si quieres ir a bailar esta noche.

4. a. Lo siento, no puedo.

   b. Paso por ti a las diez y media.

   c. Claro, ¿quieres pasear por el centro?

5. a. ¡Qué bonita estás esta noche!

   b. ¿Qué están presentando?

   c. ¿A qué se debe?

6. a. Paso por ti el viernes a las cinco, más o menos.

   b. Sí, claro. ¡Qué divertido tomar sol!

   c. Mi vida, ¿qué están presentando?

7. a. ¡Qué aburrido! Mejor vamos a bailar, mi vida.

   b. Me encantaría, mi cielo.

   c. De acuerdo, ¿qué están presentando?

8. a. ¡Qué divertido! ¿A qué hora es la función?

   b. Gracias, pero no puedo.

   c. ¿Puedes ir al cine?

PRONUNCIACIÓN

4-16 Each of the following words contains the letter **j**. Repeat each word after the speaker.

1. jota
2. jamón
3. jugadores
4. jardinero
5. Alejandra

6. Luján
7. junio
8. jugar
9. jefe
10. julio

4-17 You will hear a series of Spanish words that contain the combination **ge** and **gi**. Repeat each word after the speaker.

1. gente
2. gimnasia
3. general
4. genial
5. dirigir

6. gitano
7. geología
8. geografía
9. Jorge
10. girar

4-18 The following words contain the combinations **ga**, **go**, **gu**, **gue** and **gui**. Repeat each word after the speaker.

1. gota
2. guante
3. gato
4. golf
5. aguantar

6. ganar
7. guerra
8. vengo
9. guía
10. tengo

4-19 You will hear a series of words and phrases that contain the combinations **ga**, **go**, **gu**, **gue** and **gui** within a breath group. Repeat each word or phrase after the speaker.

1. me gustan
2. liga
3. algunos
4. mucho gusto
5. jugo

6. ¿Te gusta?
7. yo hago
8. agosto
9. gato
10. llego

STRUCTURAS

Stem-changing verbs (*e* → *ie*)

4-20 Read each item, filling in the blanks with the correct form of the verbs in parentheses. Then listen and repeat as the speaker gives the correct answer.

1. Yo _____ (preferir) las películas cómicas pero Juan

   _____ (preferir) las de misterio.

2. ¿Tú _____ (querer) ver una película esta noche o

   _____ (preferir) caminar por el centro?

3. La película _____ (comenzar) a las ocho y Las Variedades

   _____ (comenzar) a las siete y media.

4. Nosotros _____ (pensar) ir a la playa este fin de semana, pero mis

   padres _____ (pensar) que va a hacer mal tiempo. ¿Qué

   _____ (pensar) tú?

5. ¿Tú _____ (entender) las películas de Buñuel? Yo, en general, no

   _____ (entender) sus películas. _____

   (Preferir) las películas de Bergman.

6. Nosotros _____ (venir) por ti a las ocho y

   _____ (querer) llegar al cine a tiempo. _____

   (Preferir) no esperar.

4-21 Answer the following questions in complete sentences. Then listen and repeat as the speaker gives the correct answer.

1. No, …   5. No, …

2. Sí, …   6. Sí, …

3. No, …   7. No, …

4. Sí, …   8. Sí, …

4-22 Answer each question you hear negatively. Then using the cues provided below, give additional information in complete sentences. Follow the model. Finally, listen and repeat as the speaker gives the correct answer.

MODELO: You hear: ¿Quieres ir al cine?
            You see: mis primos
            You say: No, no quiero ir al cine. Mis primos quieren ir al cine.

1. Alicia   4. yo

2. mi hermana   5. tú

3. los exámenes   6. mi sobrina

The personal *a*

4-23 Read the following sentences and add the personal **a** whenever necessary. Then listen and repeat as the speaker gives the correct answer.

1. ¿Conoces _____ mis suegros?

2. Debes escuchar _____ tu padre.

3. Paco y yo llevamos _____ la heladera.

4. ¿Por qué no traen _____ los niños?

5. Los viernes, llevo _____ mis sobrinos al cine.

6. Busco _____ mi mochila.

7. ¿Tú ves _____ Paco?

8. Entonces ustedes van a buscar _____ Clarita, ¿verdad?

Saber and *conocer*

4-24 Give the Spanish equivalent of the following sentences. Then listen and repeat as the speaker gives the correct answer.

1. I know that they want to go to the movies.

2. You don't know my mother in law?

3. My daughter knows (how to speak) French.

4. Does your sister know Barcelona?

5. She knows where the concert is?

6. I know my boyfriend's family well.

4-25 Use the cues to form complete sentences in order to find out *what* or *whom* the following people know. Then listen and repeat as the speaker gives the correct answer.

1. mi suegra / hablar ruso

2. nuestros sobrinos / Puerto Rico

3. los niños / dónde viven

4. mis padres / a mi profesor de español

5. mi novio / a mis padres

SÍNTESIS
Al fin y al cabo

4-26 Answer the questions you hear based on the family tree below. Then listen and repeat as the speaker gives the correct answer.

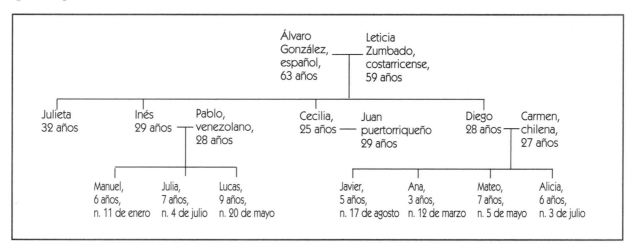

Now find Lucas on the family tree and answer the following questions. Then listen and repeat as the speaker gives the correct answer.

4-27 Listen to the dialog and answer the questions below. Listen to the tape as many times as necessary to determine all the correct answers.

1. ¿Cómo es Federico?

2. ¿Quién es más trabajador, Federico o Elena?

3. ¿Cómo está Elena hoy?

4. ¿Qué tiene Federico hoy?

5. ¿A qué hora empieza la función?

6. ¿Qué piensa Elena? ¿Hay tiempo para ir al centro?

7. ¿Cómo sabe Federico ir al cine?

8. ¿Conoce Elena a los primos de Federico?

9. ¿De dónde son los primos de Federico?

10. ¿Qué están haciendo en San Juan?

¡A divertirnos!

PRIMERA PARTE

¡Así es la vida!

5-1 As you listen to the following conversation, circle the letters corresponding to *all* statements that are correct according to what you hear. Listen to the tape as many times as necessary to find all the correct answers.

1. Los chicos quieren …

   a. salir después de las diez.

   b. pasear por el centro.

   c. hacer un picnic.

2. Amy …

   a. quiere dar un paseo.

   b. quiere ir a un partido.

   c. es estudiante.

3. Cristina …

   a. piensa que un partido es una buena idea.

   b. prefiere hacer un picnic el Día de la Primavera.

   c. piensa que el plan de Ricardo es bárbaro.

3. Esteban …

   a. dice que a él le da igual un picnic o el partido.

   b. prefiere un picnic.

   c. trae las bebidas.

4. Ricardo …

   a. trae la sombrilla, la heladera y las toallas.

   b. quiere salir después de las diez.

   c. piensa que puede hacer mal tiempo.

¡ASÍ LO DECIMOS!

5-2 Listen to the following conversations. Based on your knowledge of the vocabulary in **¡Así lo decimos!**, indicate whether each conversation is logical (**L**) or illogical (**I**).

1. L   I   6.   L   I

2. L   I   7.   L   I

3. L   I   8.   L   I

4. L   I   9.   L   I

5. L   I   10.   L   I

5-3 Complete the following sentences with the most logical weather expression. Then listen and repeat as the speaker gives the correct answer.

1. En general, solamente _____ aquí en

    invierno.

    a   hace calor

    b. nieva

    c. hace buen tiempo

2. Salgo a tomar sol en la playa porque

    _____ .

    a. llueve

    b. hace calor

    c. hace frío

3. Hace mal tiempo hoy. Hace mucho viento y

    _____ .

    a. hace sol

    b. llueve

    c. hace calor

4. Llevamos suéteres porque _____ .

    a. hace fresco

    b. nieva

    c. hace mucho calor

5. Hace sólo diez grados.

    _____ .

    a. Hace mucho calor

    b. Hace viento

    c. Hace mucho frío

PRONUNCIACIÓN

5-4 You will hear a series of words containing the trilled **r**. Repeat each word after the speaker.

1. Ramón
2. cerro
3. Enrique
4. regular
5. morro

6. alrededor
7. arriba
8. Roberto
9. enredo
10. perro

5-5 You will now hear a series of words containing the "flap" **r** in Spanish. Repeat each word after the speaker.

1. pero
2. amarillo
3. ahora
4. mirar
5. abrir

6. azúcar
7. colores
8. caro
9. pera
10. mujer

5-6 Now repeat the following sentences that have words containing both the "flap" and trilled **r**. Imitate the speaker's pronunciation as closely as you can.

1. Roberto y Laura regresan en carro.
2. Ahora tú quieres una pera amarilla.
3. Es un carro muy caro de color rojo.
4. Enrique mira el perro en el cerro.
5. Rosa practica los verbos irregulares.

 **STRUCTURAS**

The present tense of *salir*, *ver*, *traer*, *poner* and *hacer*

5-7 Fill in the blanks with the correct form of the verb in parentheses. Then listen and repeat as the speaker gives the correct answer.

1. ¿Qué (nosotros) _____ (hacer) esta noche?

2. Nosotros _____ (ver) la película y tú _____ (hacer) la comida.

3. No. No es una buena idea. Mejor tú _____ (traer) pollo y papas fritas de la cafetería y yo _____ (poner) la mesa.

4. ¡Fantástico! Ustedes _____ (traer) la comida y yo _____ (traer) las bebidas.

5. ¿Qué te parece si ella _____ (salir) de casa ahora que _____ (hacer) buen tiempo?

6. No, _____ (hacer) muy mal tiempo; _____ (llover) mucho.

5. ¿_____ (ver) (tú) la película nueva?

6. Yo no la _____ (ver).

7. ¿Por qué no _____ (salir) tú?

8. Está bien, yo _____ (salir) y _____ (traer) la comida.

The verb *salir*

5-8 Complete the sentences with the correct form of **salir** and the appropriate prepositions. Then listen and repeat as the speaker gives the correct answer.

MODELO: Yo ___salgo a___ (*go out*) correr todos los días.

1. ¿Ustedes _____ (*go out with*) sus sobrinas?

2. Mis abuelos y yo _____ (*to leave on*) viaje en el verano.

3. Elvira _____ (*to date*) Ignacio.

4. Yo _____ (*to leave*) casa con mi hermana a las nueve y cuarto.

5-9 Answer each question with a complete sentence using the cues provided. Then listen and repeat as the speaker gives the correct answer.

MODELO:　　You hear:　¿Qué tiempo hace?
　　　　　　You see:　　mal tiempo
　　　　　　You say:　　Hace mal tiempo.

1. películas de misterio

2. yo, la mochila y tú, la sombrilla

3. la heladera y el hielo

4. yo a las ocho y media, pero mi hermano a las nueve

5. los ejercicios de física

Direct objects

5-10 Listen to the following sentences and write the direct object in the space provided.

1. _____

2. _____

3. _____

4. _____

5. _____

5-11 Answer the following questions, replacing the direct objects with the appropriate pronouns. Then listen and repeat as the speaker gives the correct answer.

MODELO: You hear: ¿Quién llama a Susana?
            You see: yo
            You say: Yo la llamo.

1. nosotros   5. yo

2. ustedes   6. nosotros

3. yo   7. yo

4. ella   8. mi prima

5-12 Answer the following questions negatively, giving additional information with the cues provided. Then listen and repeat as the speaker gives the correct answer.

MODELO: You hear: ¿Ves a los Pérez allí?
            You see: los González
            You say: No, no los veo; veo a los González.

1. profesora López   4. las toallas

2. heladera   5. mis nietas

3. Cristina   6. Susana

5-13 Answer the questions you hear using direct object pronouns. Then listen and repeat as the speaker gives the correct answer.

MODELO: You hear: ¿Quién va a comprar los helados?
            You see: yo
            You say: Yo voy a comprarlos.

1. nosotros   4. Santiago

2. yo   5. Rita y Ruth

3. tú

5-14 Listen to the following conversation and answer the questions below using direct object pronouns. Then listen and repeat as the speaker gives the correct answer. Listen to the conversation as many times as necessary.

1. ¿Quiénes hacen un picnic?   3. ¿Quién trae las bebidas?

2. ¿Quién lleva los sándwiches?   4. ¿Quién lleva la sombrilla?

¡Así es la vida!

5-15 Eduardo and Silvia are watching the final game of the national soccer championship in Lima, Perú, on television. Listen to the conversation and circle the letters corresponding to *all* statements that are correct according to what you hear. Listen to the tape as many times as necessary to find all the correct statements.

1. Eduardo y Silvia miran un partido de …

   a. béisbol.

   b. fútbol.

   c. tenis.

2. Eduardo es aficionado de …

   a. Rojos.

   b. Independiente.

   c. Boca.

3. El campeón es …

   a. el equipo de Silvia.

   b. el equipo de Eduardo.

   c. el equipo Rojo.

4. El entrenador …

   a. es una estrella.

   b. es un fanático.

   c. está tranquilo.

5. El equipo de Eduardo hace …

   a. una buena jugada.

   b. un penal.

   c. una muy mala jugada.

6. Boca …

   a. pierde.

   b. empata.

   c. gana.

¡ASÍ LO DECIMOS!

5-16 Answer the question **¿Qué saben?** using the cues provided. Then listen and repeat as the speaker gives the correct answer.

MODELO: You hear: el entrenador
            You see: soccer
            You say: El entrenador sabe jugar al fútbol.

1. baseball   4. golf

2. básquetbol   5. vólibol

3. football   6. hockey

PRONUNCIACIÓN

5-17 You will hear a series of words beginning with the letter **s**. Repeat each word after the speaker.

1. sala   6. solamente

2. semana   7. semestre

3. salir   8. sábado

4. siento   9. setenta

5. sesenta   10. ser

5-18 You will hear a series of words beginning with the letter **n**. Repeat each word after the speaker.

1. nada   6. nota

2. no   7. nadie

3. nunca   8. nueve

4. nieve   9. nación

5. nena   10. nube

5-19 You will now hear a series of words and phrases in which the Spanish letter **n** precedes **b/v**, **m** and **p**. Repeat each word or phrase after the speaker.

1. un vaso

2. investigar

3. un peso

4. invertir

5. un paso

6. un mes

5-20 You will now hear a series of words beginning with the letter **l**. Repeat each word after the speaker.

1. lado

2. los

3. Luis

4. lunes

5. lengua

6. Leticia

7. Lola

8. lanzar

9. López

10. luz

STRUCTURAS

The present tense of stem-changing verbs ($o \rightarrow ue$)

5-21 Make complete sentences using the words provided. Then listen and repeat as the speaker gives the correct answer.

1. yo / jugar / tenis todos los días

2. el campeonato / costar / mucho dinero, ¿cierto?

3. ellos / encontrar / al árbitro en la cancha

4. ellas / contar / el partido a su padre

5. Uds. / soñar / con ser campeones esta temporada

6. tú / poder / ganar el partido

5-22 Answer the questions you hear negatively using the cues provided. Then listen and repeat as the speaker gives the correct answer.

MODELO: You hear: ¿Juegas al tenis?
           You see: golf
           You say: No, juego al golf.

1. béisbol   4. las pelotas

2. el jardinero   5. el bate

3. tu casa   6. el estadio

5-23 Answer the questions you hear based on your personal experience. Compare your responses with the sample answers in the Answer Key.

1. _____

2. _____

3. _____

4. _____

5. _____

6. _____

Indirect object pronouns

5-24 Complete the following sentences with the correct form of the indirect object pronouns. Then listen and repeat as the speaker gives the correct answer.

1. ¿_____ traemos la pelota? (a ti)

2. ¿_____ das las raquetas? (a nosotros)

3. ¿_____ enseñas a jugar al Truco? (a ellas)

4. ¿_____ dices dónde está el entrenador? (a él)

5. ¿_____ llevas al partido de fútbol? (a mí)

6. ¿_____ gusta el fútbol americano? (a ustedes)

5-25 Answer the following questions affirmatively, changing the position of the indirect object pronouns. Then listen and repeat as the speaker gives the correct answer.

MODELO: You hear: ¿Están comprándonos las raquetas?
            You say: Sí, nos están comprando las raquetas.

1. Sí, _____ .

2. Sí, _____ .

3. Sí, _____ .

4. Sí, _____ .

The verb *gustar*

5-26 Tell what the following people like, using the cues provided. Then listen and repeat as the speaker gives the correct answer.

MODELO: You see: a nosotros / zapatos italianos
            You say: A nosotros nos gustan los zapatos italianos.

1. a ti / los partidos difíciles

2. a mí / los jugadores de béisbol

3. a ustedes / el equipo de fútbol

4. a ella / nadar y jugar al tenis

5. a nosotros / el jardinero del equipo

6. a usted / los entrenadores exigentes

5-27 Make complete sentences using the words provided. Then listen and repeat as the speaker gives the correct answer.

1. a mí / molestar / los fanáticos

2. a ti / interesar / el boxeo

3. a nosotros / faltar / dos jugadores buenos y un jardinero

4. a ustedes / caer bien / la tenista española

5. a usted / caer mal / las estrellas del béisbol

Prepositional pronouns

5-28 Add a prepositional pronoun to the following sentences for emphasis or clarification. Then listen and repeat as the speaker gives the correct answer.

MODELO: You hear: ¿Tú me llevas al partido?
                You say: ¿Tú me llevas a mí al partido?

1. …   4. …

2. …   5. …

3. …

5-29 Answer the following questions negatively, using the cues provided. Then listen and repeat as the speaker gives the correct answer.

MODELO: You hear: ¿Vas conmigo a la cancha?
                You see: with him
                You say: No, no voy contigo, voy con él.

1. with you (informal, singular)

2. with me

3. for them (feminine)

4. for me

5. without you (formal, plural)

6. because of us

Al fin y al cabo

5-30 Listen to the following conversation as often as necessary and then answer the questions. Then listen and repeat as the speaker gives the correct answer.

1. ¿Qué deporte practica la hermana de Enrique?

2. ¿Qué hace ella hoy?

3. ¿Le gusta a Ignacio el vólibol?

4. ¿Y a Fernanda?

5. ¿A qué hora es el partido?

6. ¿Lleva Fernanda la sombrilla?

7. ¿Quién prefiere llevar la heladera?

8. ¿Quién hace sándwiches fabulosos?

5-31 Listen to the description of the things Alberto, David, Carolina, and Graciela like and dislike. Then indicate whether the statements below are **C** (**cierto**) or **F** (**falso**). You may need to listen more than once.

1. A Alberto le cae bien Carolina.	C	F
2. Graciela le cae mal a Alberto.	C	F
3. A Alberto le molesta David.	C	F
4. A David le gusta Carolina.	C	F
5. A Carolina le gusta la natación.	C	F
6. A Carolina le cae bien David.	C	F
7. A Graciela no le cae bien Carolina.	C	F
8. Los deportes le interesan a Graciela.	C	F

5-32 Answer the following questions using the cues provided. Then listen and repeat as the speaker gives the correct answer.

1. Sí, _____

2. No, _____

3. Tú _____

4. Sí, _____

5. Yo _____

6. Sí, _____

¡Buen provecho!

PRIMERA PARTE
¡Así es la vida!

6-1 Listen to the following conversation and circle the letters corresponding to *all* statements that are correct according to what you hear. Listen to the tape as many times as necessary to find all the correct statements.

1. Graciela y Adriana van a …

    a. desayunar.

    b. almorzar.

    c. cenar.

2. Graciela …

    a. está muerta de hambre.

    b. quiere un café solo.

    c. quiere un café con leche.

3. El camarero les ofrece …

    a. café.

    b. té.

    c. jugo de naranja.

4. Adriana …

    a. quiere un café solo.

    b. quiere un café con leche.

    c. quiere un té.

5. Graciela pide …

    a. tostadas.

    b. jugo de naranja.

    c. huevos fritos.

6. Adriana quiere …

    a. huevos revueltos.

    b. papas fritas.

    c. cereal.

7. Adriana dice …

    a. Los huevos revueltos están deliciosos.

    b. El desayuno de Adriana está feo.

    c. Las papas fritas están crudas.

8. El camarero …

    a. le trae otra comida a Graciela.

    b. le pide la cuenta.

    c. dice que no hay cuenta.

¡ASÍ LO DECIMOS!

6-2 Look at the following pictures and answer the questions you hear, using expressions and vocabulary from **¡Así lo decimos!**. Then listen and repeat as the speaker gives the correct answer.

1. _____
2. _____
3. _____

4. _____
5. _____
6. _____

7. _____
8. _____
9. _____

10. _____
11. _____
12. _____

Nombre: _____   Fecha: _____

Pronunciación

6-3 You will hear a series of Spanish words that contain the letter **y**. Repeat each word after the speaker.

1. yo
2. oye
3. arroyo
4. joya
5. ayer

6. ya
7. mayo
8. yerba
9. leyes
10. haya

6-4 You will now hear a series of words that contain the letter **y** either by itself or at the end of the word. In such cases the **y** is pronounced like the vowel **i**. Repeat each word after the speaker.

1. hoy
2. y
3. rey

4. hay
5. ¡ay!
6. ley

6-5 The following words and phrases contain the double **l**. Repeat each word or phrase after the speaker.

1. me llamo
2. lluvia
3. allí
4. talla pequeña
5. silla

6. llamar
7. la tablilla
8. amarillo
9. una vista bella
10. voy a llevar

6-6 You will now hear a series of words that contain the letter **ñ**. Repeat each word after the speaker.

1. niño
2. años
3. señorita
4. mañana
5. montaña

6. español
7. señor
8. baño
9. ñato
10. añadir

ESTRUCTURAS

Stem-changing verbs (*e* → *i*)

6-7 Form sentences using the cues provided. Then listen and repeat as the speaker gives the correct answer.

1. este restaurante / servir / la mejor carne asada

2. yo / siempre / decir / la verdad

3. ¿tú / decir / siempre / la verdad?

4. ¿dónde / conseguir (ustedes) / vino barato?

5. ¿repetir usted / sus diálogos muchas veces?

6. nosotros / los / repetir / tres veces, pero ellas no / los / repetir

7. yo siempre / pedir / flan con dulce de leche

8. ¿servir (ellos) / flan en este restaurante?

9. sí, nosotros / servir / flan casero todos los viernes

10. ¿conseguir / ustedes / entradas para el concierto?

6-8 Form sentences using the cues provided. Then listen and repeat as the speaker gives the correct answer.

1. ellas / pedir / pastel de limón

2. yo / pedir / helado

3. tú / pedir / café

4. nosotras / pedir / helado y café

5. nosotras / decir / "ferrocarril"

6. él / no / decir / "ferrocarril"

7. ustedes / repetir / "existencia"

8. yo / conseguir / los libros

9. tú / no / conseguir / los libros

10. yo / seguir / Elena

6-9 Complete the following dialogs with the appropriate form of the verb. Then listen and repeat as the speaker gives the correct answer.

MODELO: You see: Yo sigo sin entender bien el español. (seguir)
                You say: Tú **sigues** sin entender porque no practicas lo suficiente.

1. Yo no consigo trabajo. (conseguir)

   Tú no _____ trabajo porque no lees *El País*.

2. ¿Qué sirven ustedes para la fiesta? (servir)

   Nosotros _____ empanadas y vino. ¿Qué

   _____ tú?

   Yo _____ cerveza y pizza.

3. ¿Tú dices que Rodrigo es inteligente? (decir)

   Sí, yo _____ que es inteligente, pero Lucía

   _____ que es tonto.

4. ¿Qué piden ustedes cuando van a un restaurante argentino? (pedir) _____

   Yo _____ carne asada con papas fritas y Pablo bife de lomo con

   ensalada. Los dos _____ flan de postre.

Demonstratives

6-10 Answer the following questions using the cues provided. Then listen and repeat as the speaker gives the correct answer.

MODELO: You hear: ¿Vas a comer en esta cafetería?
                You see: aquél
                You say: No, voy a comer en aquélla.

1. éste

2. aquél

3. ése

4. éste

5. éste

6. aquél

6-11 Answer the following questions according to the model, using the cues provided. Then listen and repeat as the speaker gives the correct answer.

MODELO: You hear: ¿Sirven ustedes esta ensalada?
                You see: that one (at a distance)
                You say: No, ésta no, servimos aquélla.

1. this one

2. those

3. that one

4. those (at a distance)

5. this one

6-12 Compare the following items using the cues provided. Then listen and repeat as the speaker gives the correct answer.

MODELO: You hear: Estas uvas están muy ricas.
                You see: *(those at a distance)* manzanas
                You say: Sí, pero aquellas manzanas están más ricas que estas uvas.

1. *(that)* filete de res

2. *(that at a distance)* langosta

3. *(these)* hamburguesas

4. *(that* neuter)

5. *(those)* camareros

6. *(this)* cafetería

SEGUNDA PARTE
¡Así es la vida!

6-13 Listen to the following conversation and then circle the numbers for *all* statements that are correct according to what you hear. Listen to the tape as many times as necessary to find all the correct answers.

1. La mamá prepara el desayuno.

2. Álvaro come torta.

3. El café está en el congelador.

4. La mamá compra un kilo de pan.

5. La tostadora está en la mesa.

6. Hay flan para el desayuno.

7. La leche se calienta a fuego alto.

8. La mamá toma dos cucharaditas de azúcar y una pizca de leche.

9. La torta está en el horno.

10. El molde, el recipiente y los otros utensilios de cocina están en el fregadero.

¡ASÍ LO DECIMOS!

6-14 Listen to the following recipe and fill in the blanks with the words you hear.

Picadillo criollo para empanadas

(1)_____ en rodajas cuatro cebollas y un (2)_____.

(3)_____ dos tomates medianos. En una (4)_____

calentar a (5)_____ _____ dos

(6)_____ de aceite. Freír las (7)_____ , el ají y un diente

de ajo (8)_____ . (9)_____

_____ a fuego (10)_____ hasta que está bien cocido.

(11)_____ los tomates pelados y picados, una (12)_____

de pimienta, una cucharada de azúcar y ½ (13)_____ de carne picada, mojada

antes en leche. (14)_____ todos los (15)_____ y añadir

¼ de (16)_____ de pimentón, ½ cucharadita de comino, una

(17)_____ de aceitunas y tres huevos duros cortados.

(18)_____ durante diez minutos, mezclando con una

(19)_____ de madera. Dejar enfriar en un (20)_____ en

el (21)_____ . Sacar la masa de las empanadas del

(22)_____ dos horas antes de hacer el picadillo. Preparar las empanadas y

(23)_____ a 375° por 40 minutos.

PRONUNCIACIÓN

6-15 You will hear a series of words and phrases which contain the Spanish **ch** sound. Repeat each word or phrase after the speaker.

1. el chico
2. cacho
3. China
4. las chicas
5. chisme

6. chofer
7. charro
8. che
9. Chile
10. chocolate

6-16 Now you will hear a series of words and phrases that contain the letter **h**. Repeat each word or phrase after the speaker. Remember that the **h** is not pronounced.

1. hotel
2. hemisferio
3. hacer
4. los hombres
5. el hospital

6. ¡Hola!
7. la hacienda
8. La Habana
9. ¿Qué hora es?
10. la historia

ESTRUCTURAS

Regular *tú* commands

6-17 You are a doctor consulted by a young athlete for advice on diet and exercise. Tell her what she should and should not do. Use informal commands and the cues provided. Then listen and repeat as the speaker gives the correct answer.

MODELO: You see: (Practicar) muchos deportes.
                   You say: Practica muchos deportes.

1. (Nadar) en la piscina tres veces por semana.

2. (Correr) por el parque.

3. (No pensar) en comida todo el día.

4. (Comprar) comidas bajas en calorías.

5. (No comer) postres todos los días.

6. (Comer) con moderación.

7. (No beber) tantos refrescos.

8. (Cocinar) comida sin grasa.

9. (Preparar) ensaladas para el almuerzo.

10. (Tomar) sopa de pollo.

6-18 Mr. Comemucho has decided to lose weight. Tell whether he should or should not eat or drink the following things, using informal commands and direct object pronouns. Then listen and repeat as the speaker gives the correct answer.

MODELO: You hear: ¿Agua?
           You say: Bébela.
           You hear: ¿Postres?
           You say: No los comas.

1. ¿Vino?

2. ¿Manzanas?

3. ¿Huevos revueltos?

4. ¿Tortas y helado?

5. ¿Chocolate caliente?

6. ¿Hamburguesas con papas fritas?

7. ¿Ensalada de fruta?

8. ¿Cerveza?

9. ¿Pollo asado?

10. ¿Té con limón?

6-19 Answer the following questions using the cues provided. Then listen and repeat as the speaker gives the correct answer.

MODELO: You hear: ¿Mezclo los huevos?
           You say: No, no los mezcles.
                       or
           You hear: ¿Uso el recipiente nuevo?
           You say: Sí, úsalo.

1. Sí, …

2. No, …

3. Sí, …

4. No, …

5. Sí, …

6. No, …

7. Sí, …

8. No, …

9. Sí, …

10. No, …

Irregular *tú* commands

6-20 Form informal commands using the cues provided. Then listen and repeat as the speaker gives the correct answer.

1. (No ir) a la cafetería por la mañana.

2. (Poner) los platos sucios en el lavaplatos.

3. (Decir) "¡buen provecho!" a los clientes.

4. (Tener) las mesas limpias.

5. (No salir) del restaurante sin pagar la cuenta.

6. (Ir) a almorzar con tus hermanos.

7. (Hacer) bien la cuenta.

8. (Salir) de la sección sólo para comer.

9. (No decir) la receta a su hermano.

10. (No poner) cuatro cucharadas de azúcar.

6-21 You are the manager of a restaurant. Answer your employees' questions following the model. Then listen and repeat as the speaker gives the correct answer.

MODELO: You hear: ¿Soy amable con los otros dependientes?
                 You say: Sí, sé amable con los otros dependientes.

1. Sí, …

2. No, …

3. Sí, …

4. No, …

5. Sí, …

6. No, …

Indefinite and negative expressions

6-22 Change each sentence you hear to its opposite, following the model. Then listen and repeat as the speaker gives the correct answer.

MODELO:　　You hear:　¿Alguien está cocinando?
　　　　　　You say:　Nadie está cocinando.

1. …　　　　　　　　　　　　4. …

2. …　　　　　　　　　　　　5. …

3. …　　　　　　　　　　　　6. …

6-23 Answer each question you hear negatively. Then listen and repeat as the speaker gives the correct answer.

MODELO:　　You hear:　¿Alguien va a planear la cena?
　　　　　　You say:　No, nadie va a planear la cena.

1. …　　　　　　　　　　　　4. …

2. …　　　　　　　　　　　　5. …

3. …　　　　　　　　　　　　6. …

6-24 Answer the questions you hear negatively, using negative and indefinite expressions, and informal commands. Then listen and repeat as the speaker gives the correct answer.

MODELO:　　You hear:　¿Traigo algunos tomates?
　　　　　　You say:　No, no traigas ninguno.

1. …　　　　　　　　　　　　4. …

2. …　　　　　　　　　　　　5. …

3. …　　　　　　　　　　　　6. …

PROPÓSITO ...

6-25 Look at the picture below and answer the questions you hear. Then listen and repeat as the speaker gives the correct answer.

SÍNTESIS
Al fin y al cabo

6-26 As you listen to the following advertisement, fill in the blanks with the missing information. You may need to listen to the tape more than once.

Jay Andy Grocery, la número (1)_____ en especiales. Tres latas de

(2)_____ Goya por $(3)_____. Galón de

(4)_____ limón, (5)_____, uva: $1.09.

(6)_____ plátanos: $1.00. Sodas: (7)_____.

Galón de (8)_____: $2.39. ¡De ganga! (9)_____

Bustelo: $1.99. Garbanzos Goya: $.99. Soda Light, 64 onzas: $1.29. Todo tipo de

(10)_____. *Jay Andy Grocery,* (11)_____

Columbia Rd., Dorchester. A sus órdenes, (12)_____, Francis y Fedo. *Jay Andy Grocery.*

6-27 Listen to the advertisement and answer the following questions. Then listen and repeat as the speaker gives the correct answer. You may need to listen to the tape more than once.

1. ¿Qué les gusta a las personas que comen en *Los Antojitos*?

2. ¿Cómo es el restaurante *Los Antojitos*?

3. ¿Cómo son los tacos y enchiladas del restaurante *Las Delicias*?

4. ¿Los precios de *Los Antojitos* son más altos o más bajos que los del restaurante

   Don Pancho?

5. ¿Cuál es la especialidad del restaurante *Los Antojitos*?

6. ¿Qué plato está para chuparse los dedos?

7. ¿A qué hora puedo almorzar?

8. ¿Cómo puedo reservar una mesa?

PRIMERA PARTE

¡Así es la vida!

7-1 Listen to the following conversation and circle the letters for *all* statements below that are correct according to what you hear. Listen to the tape as many times as necessary to find all the correct answers.

1. Luisa y su amiga Rita van a una tienda …

    a. por la mañana.

    b. por la tarde.

    c. a comprar ropa.

2. Rita quiere ver …

    a. unos pantalones de cuero.

    b. un cinturón de cuero.

    c. una blusa.

3. La blusa de seda está en la …

    a. vitrina.

    b. tienda.

    c. sección de ropa para mujeres.

4. Hoy están de rebaja …

    a. los pantalones.

    b. las blusas.

    c. los guantes.

5. Rita usa …

    a. talla mediana.

    b. talla estrecha.

    c. talla 44.

6. Los probadores están …

    a. a la derecha.

    b. cerca de la caja.

    c. detrás de la caja.

7. Los pantalones …

    a. le quedan estrechos.

    b. son una ganga.

    c. le quedan muy bien.

8. La blusa …

    a. es más barata que los pantalones.

    b. le queda estrecha.

    c. es más cara que los pantalones.

9. Rita compra …

    a. una blusa de seda.

    b. un cinturón de cuero.

    c. los pantalones de cuero.

10. Los cinturones y los sombreros …

    a. tienen un descuento.

    b. están en el mostrador.

    c. están junto a la sección de ropa

    para hombres.

¡A SÍ LO DECIMOS!

7-2 Complete the following sentences with words and expressions from **¡Así lo decimos!** Then listen and repeat as the speaker gives the correct answers.

1. Buenos días, ¿_____?

   ¿Me puede mostrar el vestido de rayas azul y rojo?

   Sí, se lo muestro ahora mismo.

2. ¿ _____?

   La grande, por favor.

3. ¿ _____?

   Sí, por supuesto. Los probadores están aquí.

4. ¿Qué tal le queda?

   _____ estrecha.

7-3 Listen to the following sentences and circle all the items you hear named in the picture below.

ESTRUCTURAS

Review: Numbers 100 – 1.000.000

7-4 Solve the following addition problems out loud in Spanish. Then listen and repeat as the speaker gives the correct answer.

1. 200.000 + 300.000 =

2. 180.000 + 1.000.000 =

3. 33 + 27 =

4. 64 + 36 =

5. 29 + 11 =

6. 1.000 + 3.484 =

7. 104 + 6 =

8. 100 + 21 =

9. 1.200.00 + 3.000 =

10. 505.000 + 495.000 =

Ordinal numbers

7-5 Answer the questions according to the information you see in the store directory below. Then listen and repeat as the speaker gives the correct answer.

MODELO: You hear: ¿En qué piso están los zapatos?
             You say: En el tercer piso.

DIRECTORIO	
1er piso	artículos de cuero, bolsos, cinturones, guantes
2° piso	regalos y accesorios, corbatas
3er piso	zapatos, sandalias
4° piso	supermercado
5° piso	artículos de rebaja
6° piso	cafetería
7° piso	artículos de deporte, zapatillas de tenis
8° piso	ropa para señores
9° piso	ropa para niños
10° piso	ropa para señoras

1. …

2. …

3. …

4. …

5. …

6. …

7. …

8. …

9. …

10. …

The preterite of regular verbs

7-6 Use the preterite tense of the verbs in parentheses to complete the following sentences. Then listen and repeat as the speaker gives the correct answer.

1. Yo _____ (estudiar) mucho la semana pasada.

2. ¿Tú _____ (comprar) los zapatos en esa zapatería?

3. El dependiente _____ (vender) todos los llaveros de plata.

4. Nosotros _____ (caminar) por el centro comercial ayer.

5. Ellas _____ (visitan) la ciudad de México el año pasado.

6. Yo _____ (leer) el anuncio esta mañana.

7. Tú _____ (vivir) entonces cerca de nuestra casa.

8. Ella _____ (trabajar) en una farmacia.

7-7 Using the cues provided, answer the following questions in complete sentences. Then listen and repeat as the speaker gives the correct answer.

MODELO: You hear: A qué hora nadaste?
            You see: las nueve y media
            You say: Nadé a las nueve y media.

1. huevos revueltos

2. las tiendas

3. el centro comercial

4. muchas cosas

5. muchas cosas también

7-8 Answer the questions you hear affirmatively. Then listen and repeat as the speaker gives the correct answer.

MODELO: You hear: ¿Compró tu mamá los pañuelos?
            You say: Sí, ella los compró.

1. …

2. …

3. …

4. …

5. …

6. …

¡Así es la vida!

7-9 Inés, Santiago and Marcela are at a shopping center buying Christmas presents. Listen to their conversation and circle the letters for *all* statements that are correct according to what you hear.

1. Marcela …

    a. va a la sastrería.

    b. compra corbatas.

    c. paga con cheque.

2. Santiago …

    a. consigue artículos de tocador.

    b. va a la zapatería.

    c. busca una sorpresa para Marcela.

3. Inés …

    a. compra pasta de dientes.

    b. va a la joyería.

    c. compra llaveros.

4. *Platapura* …

    a. es una papelería.

    b. es más cara que la otra joyería.

    c. está en el quinto piso.

5. Marcela …

    a. compra algo en la papelería.

    b. va a la papelería.

    c. paga en efectivo en la droguería.

6. La cafetería …

    a. está en el quinto piso.

    b. está junto a la droguería.

    c. sirve almuerzo a toda hora.

7. Nadie …

    a. paga a plazos.

    b. paga al contado.

    c. gasta mucho dinero.

 ¡ASÍ LO DECIMOS!

7-10 Listen to the following incomplete statements and circle all logical words or expressions to complete them. Then listen and repeat as the speaker gives the correct answer.

1. a. pulseras.

   b. collares.

   c. guantes.

2. a. está de moda.

   b tienen tomate.

   c. hace juego con el collar.

3. a. hace juego con el vestido.

   b está de moda.

   c. vas de compras.

4. a. el talco.

   b el frasco de colonia.

   c. la droguería.

5. a. champú.

   b pasta de dientes.

   c. talco.

6. a. Gasto dinero.

   b En la farmacia.

   c. En la zapatería.

7. a. La joyería.

   b. Guantes.

   c. Aspirinas.

8. a. pagar al contado.

   b. pagar con tarjeta.

   c. pagar con cheque.

 ESTRUCTURAS

Verbs with irregular forms in the preterite

7-11 Answer the questions you hear following the model and using the cues provided. Then listen and repeat as the speaker gives the correct answer.

MODELO: You hear: ¿Hicieron ustedes el ejercicio?
          You see: nosotros sí / Paco no, ¿verdad?
          You say: Nosotros hicimos el ejercicio, pero Paco no hizo el ejercicio, ¿verdad?

1. yo sí / tú no, ¿verdad?

2. tú sí / ella no, ¿verdad?

3. nosotras sí / tú no, ¿verdad?

4. Luisa y yo sí / ella no, ¿verdad?

5. nosotros sí / él no, ¿verdad?

6. yo sí / ellas no, ¿verdad?

7-12 Answer the following questions negatively. Then listen and repeat as the speaker gives the correct answers.

MODELO: You see: ¿Llegaste tarde a la farmacia?
                  You say: No, no llegué tarde a la farmacia.

1. ¿Le explicaste a Clara cómo llegar?

2. ¿Comenzaste a trabajar enseguida?

3. ¿Practicaste inglés con algún cliente?

4. ¿Buscaste el talco en la droguería?

5. ¿Obligaste a tu novio a comprar los anillos?

6. ¿Pagaste las compras con la tarjeta de crédito?

7. ¿Abrazaste a tu novia en la joyería?

8. ¿Almorzaste en la cafetería?

7-13 Answer the questions you hear based on your own experience. Compare your answers with the sample replies in the Answer Key.

1. …

2. …

3. …

4. …

5. …

6. …

7. …

8. …

Other irregular verbs in the preterite

7-14 Form complete sentences using the cues provided. Then listen and repeat as the speaker gives the correct answer.

1. yo / no / poder / dormir en toda la noche

2. tú / no / poner / las bebidas en la heladera

3. ¿usted / venir / ayer?

4. nosotros / hacer / el ejercicio

5. ellas / decir / la verdad

6. Carmen / no / poner / los huevos en la ensalada

7. ¿Uds. / traer / los trajes de baño?

8. yo / decir / la verdad

9. tú / venir / a visitarnos

10. Carlos y Abel / saber / el resultado del partido

11. nosotros / tener / un examen difícil

12. Federico / andar / por el centro comercial

7-15 Answer the following questions negatively. Then listen and repeat as the speaker gives the correct answer.

MODELO: ¿Pusiste los libros en la mochila?
         No, no los puse.

1. No, …	5. No, …
2. No, …	6. No, …
3. No, …	7. No, …
4. No, …	

Preterite of stem-changing verbs (*e → i; o → u*)

7-16 Form complete sentences in Spanish using the cues provided. Then listen and repeat as the speaker gives the correct answer.

1. yo / pedir / crema de afeitar

2. usted / dormir / mucho en el cine

3. nosotros / le / mentir / al señor aquel

4. yo / repetir / el ejercicio

5. tú / seguir / estudiando por la noche

6. ella / sentir / hambre

7. nosotros / servir / los calamares

8. yo / dormir / ocho horas

9. los abuelos de Raúl / morir / en septiembre

Al fin y al cabo

7-17 Carmen went shopping but Lucía stayed home sick. Complete their conversation by filling in the blanks according to what you hear on the tape.

LUCÍA: Hola, ¿cómo te (1)_____ con las compras?

CARMEN: Muy bien, pero (2)_____ mucho dinero.

LUCÍA: ¿Qué (3)_____?

CARMEN: (4)_____ por varias tiendas.

(5)_____, _____ a la joyería y

(6)_____ un (7)_____ para mi

hermano y unos (8)_____ para mí. ¿Sabes quiénes

(9)_____ allí?

LUCÍA: No tengo ni idea. ¿Quiénes?

CARMEN: A Marcos y su novia. Se llama Estela y es muy bonita. Me

(10)_____ que la boda es en enero. No sabes qué mal la

(11)_____ ellos.

LUCÍA: ¿Por qué? ¿Qué pasó?

CARMEN: Ellos (12)_____ los anillos para la boda pero no los

(13)_____ porque no (14)_____

dinero para pagar al (15)_____. En esa

(16)_____ sólo aceptan pagos con (17)_____

o en (18)_____.

LUCÍA: Bueno, cuéntame, ¿qué más (19)_____?

CARMEN: (20)_____ de la joyería con Marcos y su novia. Ellos

(21)_____ a almorzar al restaurante mexicano y yo

(22)_____ mirando (23)_____.

LUCÍA: ¿Y después?

CARMEN: Después (24)_____ a "La Moda".

LUCÍA: No me digas. ¿Qué (25)_____?

CARMEN: (26)_____ sólo las rebajas, pero

(27)_____ un montón de dinero. Por suerte,

(28)_____ con la tarjeta. (29)_____

unos (30)_____ azules muy elegantes y dos camisas, una

(31)_____ y la otra de (32)_____.

En la (33)_____ (34) _____ unos

(35)_____ italianos por sólo 80 pesos. Después compré unas

cosas en la (36)_____.

LUCÍA: ¿A qué hora (37)_____?

CARMEN: A las siete y media (38)_____ del centro comercial y

(39)_____ a casa a las ocho.

7-18 You are a very indecisive person and often change your mind. Following the model, answer the questions below as you hear them on the tape. Then listen and repeat as the speaker gives the correct answer.

MODELO: You see: ¿Pongo las corbatas en rebaja?
            You say: Sí, ponlas en rebaja. No, mejor no las pongas.

1. ¿Vendo los guantes a dos pesos?

2. ¿Hago la vitrina ahora?

3. ¿Acepto este cheque?

4. ¿Atiendo a las señoritas?

5. ¿Pregunto los precios?

6. ¿Pido una tarjeta de crédito?

7-19 Listen to the following radio advertisement and then answer the questions below as the speaker asks them. Finally, listen and repeat as the speaker gives the correct answer.

1. ¿A dónde piensa ir la amiga de Soraya?

2. ¿Qué es *Cursiri*?

3. ¿Qué cosas venden ahí?

4. ¿Venden ropa para hombres?

5. ¿Cómo son los precios?

6. ¿Acompaña Soraya a su amiga?

7. ¿En qué ciudad está *Cursiri*?

8. ¿Cuál es el número de teléfono de la tienda?

7-20 Marcela, Santiago, Inés and Pablo went shopping. As you listen, check off the boxes in the table below corresponding to the stores where each person shopped.

NOMBRE	ZAPATERÍA	PAPELERÍA	LIBRERÍA	JOYERÍA	DROGUERÍA	CAFETERÍA
Santiago						
Inés						
Marcela						
Pablo						

Vamos de viaje

PRIMERA PARTE
¡Así es la vida!

8-1 Listen to the following conversation and circle *all* letters corresponding to statements that are correct according to what you heard.

1. La agencia de viajes se llama …

   a. Buen viaje.

   b. Viaje feliz.

   c. Feliz viaje.

2. La agente de viajes le ofrece a Marcelo …

   a. dos viajes interesantes.

   b. un viaje a México.

   c. un viaje a España.

3. El viaje a México …

   a. es tan largo como el viaje a España.

   b. es menos largo que el viaje a España.

   c. es más largo que el viaje a España.

4. El viaje a España …

   a. es de dos semanas.

   b. incluye un pasaje de primera.

   c. ofrece excursiones a otras ciudades.

5. La excursión a España incluye …

   a. Madrid, Barcelona y Sevilla.

   b. Toledo, Ávila y Madrid.

   c. Madrid y Ávila.

6. El viaje a …

   a. México es tan caro como el viaje a España.

   b. España es más caro que el viaje a México.

   c. España cuesta menos que el viaje a México.

7. Marcelo prefiere …

   a. un asiento en el ala.

   b. la sección de no fumar.

   c. el viaje a España.

8. Marcelo …

   a. necesita pasaporte.

   b. promete mandar los folletos.

   c. pide folletos.

¡A SÍ LO DECIMOS!

8-2 Listen to the dialog and answer the following questions. Then listen and repeat as the speaker gives the correct answer.

1. ¿Adónde van los Domínguez?

2. ¿Estaban en la lista de espera de Avianca?

3. ¿Facturan el equipaje en Aeroperú?

4. ¿Es directo el vuelo de los Domínguez?

5. ¿Hay cola en el mostrador de Avianca?

6. ¿Adónde va Virginia?

7. ¿Tienen ellos las tarjetas de embarque?

8. ¿Cuántas maletas llevan?

 # ESTRUCTURAS

The imperfect of regular verbs

8-3 Change the sentences below to the imperfect tense. Then listen and repeat as the speaker gives the correct answer.

1. Yo vuelo al Ecuador frecuentemente.

2. Tú comes antes de despegar.

3. Ella mira el folleto de viajes.

4. Nosotros facturamos el equipaje.

5. La azafata dice "¡Feliz viaje!"

6. Yo prefiero la sección de no fumar.

7. Tú compras el pasaje de ida y vuelta.

8. Los pilotos viven en Tegucigalpa.

8-4 Answer the questions you hear negatively, using the verb in the imperfect tense. Follow the model. Then listen and repeat as the speaker gives the correct answer.

MODELO: You hear: ¿Tú fumas mucho?
               You say: No, pero antes yo fumaba mucho.

1. …

2. …

3. …

4. …

5. …

6. …

7. …

8. …

8-5 Answer the questions you hear based on your own experience. Then compare your answers with the sample replies in the Answer Key.

MODELO: You hear: ¿Dónde vivías cuando tenías diez años?
           You say: Yo vivía en la ciudad de Boston cuando tenía diez años.

1. …   5. …

2. …   6. …

3. …   7. …

4. …   8. …

The irregular imperfect of *ir, ser* and *ver*

8-6 Form sentences using the cues provided. Then listen and repeat as the speaker gives the correct answer.

1. yo / ir / al supermercado frecuentemente

2. tú / ser / muy ordenado

3. Fernando / ver / televisión todas las tardes

4. nosotros / ir / a México todos los años

5. Cecilia y Patricia / ser / buenas amigas

6. yo / ser / buen jugador de fútbol

7. tú / ir / de compras de vez en cuando

8. ella / ser / estudiante de medicina

9. nosotros / ver / películas de misterio

10. Felipe y Manolito a veces / ir / al cine

8-7 Answer the following questions about your life ten years ago. Then compare your answers with the sample replies in the Answer Key.

MODELO: You hear: ¿Cómo eras tú?
          You say: Yo era pequeña pero muy fuerte.

1. …   5. …

2. …   6. …

3. …   7. …

4. …   8. …

Por and *para*

8-8 Answer each question you hear, using one of the following idiomatic expressions with **por.** Then listen and repeat as the speaker gives the correct answer.

por aquí	por fin	por eso	por último
por ejemplo	por lo general	por favor	por supuesto

1. ...

2. ...

3. ...

4. ...

5. ...

8-9 Complete the following sentences with **por** or **para**. Then listen and repeat as the speaker gives the correct answer.

1. Mañana salimos _____ Bogotá.

2. Paseamos _____ el centro _____ visitar los monumentos y museos.

3. Los pasaportes son _____ ustedes y van a estar listos _____

   mañana.

4. Pagamos diez mil soles _____ los dos pasajes.

5. Vamos a pasar _____ el hotel _____ verlos.

6. Le doy quinientos soles _____ este sombrero. ¿De acuerdo?

7. ¿Necesitaron mucho dinero _____ el viaje?

8. Estuvimos en Sudamérica _____ un mes.

SEGUNDA PARTE

¡Así es la vida!

8-10 Listen to the conversation between Silvia and her mother after Silvia's honeymoon. Then circle all letters corresponding to statements that are correct according to what you heard. Note: **los pájaros** = *birds*

1. Silvia y Jorge …

   a. estuvieron una semana en un parque nacional.

   b. la pasaron regular.

   c. llegaron anoche.

2. Jorge …

   a. estaba muy contento porque escaló unas montañas.

   b. escaló dos montañas y le gustó.

   c. nadaba en la piscina a menudo.

3. Silvia …

   a. escaló dos montañas.

   b. nadaba en el lago frecuentemente.

   c. estuvo junto al río Verde, montando a caballo.

4. Los binoculares …

   a. son de Silvia.

   b. son de Jorge.

   c. son de la mamá de Silvia.

5. A Silvia …

   a. le gustó recorrer el país.

   b. le gustaron los bosques y las montañas.

   c. le gustó perder el mapa.

6. Silvia y Jorge …

   a tuvieron un problema cuando perdieron el mapa.

   b. la pasaron maravillosamente cuando perdieron el mapa.

   c. recibieron ayuda de otro auto cuando perdieron el mapa.

7. La mamá de Silvia …

   a. manda besos a Jorge y saludos a su hija.

   b. espera ver a Jorge y a su hija el sábado.

   c. no tiene ganas de ver a Jorge.

¡ASÍ LO DECIMOS!

8-11 Listen to the following definitions. Then match the number of each definition with one of the words below.

_____ el balcón	_____ ir de excursión	_____ un museo
_____ los binoculares	_____ una isla	_____ el parque
_____ el bosque	_____ el lago	_____ pescar
_____ la estadía	_____ el mapa	_____ el río
_____ las gafas de sol	_____ montar a caballo	_____ la vista
_____ un hotel	_____ el monumento	_____ un volcán

ESTRUCTURAS

Adverbs ending in -mente

8-12 Complete the following sentences using the adverb derived from each of the adjectives in parentheses. Then listen and repeat as the speaker gives the correct answer.

1. Carmen y Jorge recorrieron el país _____ (alegre).

2. El avión llegaba _____ (lento) a la puerta de salida.

3. La azafata pasó _____ (rápido) por la cabina del avión.

4. _____ (final) los pasajeros subieron al avión.

5 Pasamos por la aduana _____ (fácil).

6. _____ (único) los agentes de aduana pueden entrar aquí.

7. El piloto aterrizó _____ (correcto).

8. Estoy _____ (enorme) preocupado por los pasajeros.

8-13 Answer each question you hear with a complete sentence in Spanish, using the adverb derived from each adjective given below. Then listen and repeat as the speaker gives the correct answer.

1. tranquilo

2. frecuente

3. correcto

4. claro

5. lento

6. fácil

Preterite vs. imperfect

8-14 Form sentences using the cues provided. Use each verb in the preterite or the imperfect, as appropriate. Then listen and repeat as the speaker gives the correct answer.

1. Pablo / trabajar / alegremente / cuando / (yo) / llamarlo / por teléfono

2. mis abuelos / siempre / quedar / en ese hotel / cuando / tener / vacaciones

3. ser / una noche fría, / el viento / soplar / fuertemente / y / nevar / mucho

4. generalmente / (nosotros) / estudiar / en la biblioteca / cuando / haber / un examen

5. ayer / (yo) / encontrar / un restaurante fantástico / cuando / caminar / por el centro

6. anoche / (nosotros) / salir / a las nueve / cuando / el concierto / terminar

7. mi reloj / marcar / las cinco de la tarde / y / hacer / mucho calor

8. nosotros / no saber / que / tú / estar / tan triste

8-15 Complete the following statements with the appropriate preterite or imperfect form of each verb in parentheses. Then listen and repeat as the speaker gives the correct answer.

1. Nosotros _____ (viajar) todos los años a Colombia pero este año no lo

   _____ (hacer).

2. Yo siempre _____ (recorrer) los museos nuevos, pero éste no lo

   _____ (conocer) hasta ayer.

3. Ustedes generalmente _____ (visitar) a sus padres durante las

   vacaciones, pero estas vacaciones _____ (visitar) a sus primos.

4. Tú siempre _____ (ver) a tu novia los fines de semana; pero ayer,

   sábado, no la _____ (ver).

5. Marcelo _____ (ir) a trabajar todos los veranos en el parque nacional,

   pero el último verano no _____ (ir).

6. Frecuentemente yo me _____ (dormir) en la biblioteca pero esta tarde

   no me _____ (dormir).

8-16 Listen to the description of a trip that Marcela and Santiago took. Then answer the following questions. Finally, listen and repeat as the speaker gives the correct answer.

1. ¿Adónde fueron los González?

2. ¿Con quién salieron ellos?

3. ¿Qué tiempo hacía?

4. ¿Cómo era el guía?

5. ¿Qué hicieron ellos por la mañana?

6. ¿Qué tenía Marcela para filmar desde lo alto?

7. ¿Qué pasó cuando bajaban?

8. ¿Qué les dijo el guía en ese momento?

8-17 Answer the questions you hear based on your own experience. Then compare your answers with the sample replies in the Answer Key.

1. ...	5. ...
2. ...	6. ...
3. ...	7. ...
4. ...	8. ...

SÍNTESIS
Al fin y al cabo

8-18 Three different couples went to different places on their vacations. Your task is to figure out their destinations, the places they visited, the duration of their trips and what they bought. Listen to the tape as many times as necessary to complete the chart below.

NOMBRE	DESTINO	LUGARES VISITADOS	DURACIÓN DEL VIAJE	COMPRAS

8-19 Listen to the descriptions of some of the people in the picture that follows. Then decide who is who, based on the information you hear. Label the picture accordingly with the names provided.

Josefina Pereda
Federico Ruiz
la familia Peña
Pablo
Dolores Gutiérrez
Rosa Romero
Ema Flores
Pedro
el señor Ramírez
Ricardo Bello
Carlos Fuentes

8-20 Answer the following questions according to the information you heard about the picture in Exercise 8-19. Then listen and repeat as the speaker gives the correct answer.

1. ¿Qué hacía Carlos Fuentes mientras esperaba el vuelo para México?

2. ¿Qué llevaba Pedro en la cabeza cuando habló con Rosa?

3. ¿Qué hora era cuando Ema facturó su equipaje?

4. ¿Dónde estaba Dolores Gutiérrez cuando el señor Ramírez encontró el perro?

5. ¿Qué hicieron los Peña antes de ir para la sala de espera?

6. ¿Qué hacía Pablo mientras Carlos Fuentes elegía una postal?

La rutina diaria

PRIMERA PARTE
¡Así es la vida!

9-1 Listen to the following conversation and then circle the letters for all statements that are correct according to what you hear.

1. Teresa …

   a. se despertó a las ocho y media.

   b. se despertó a las ocho y cuarto

   c. se duchó.

2. Manuel …

   a. despertó a Teresa.

   b. se durmió.

   c. se afeitó esta mañana.

3. Teresa …

   a. se acostó a las diez y media de la noche.

   b. se duchó a las dos y media de la mañana.

   c. se cepilló los dientes.

4. Las personas en la habitación al lado …

   a. se acostaron a las tres de la mañana.

   b. se bañaron a las tres de la mañana.

   c. hicieron mucho ruido.

5. A las dos y media de la mañana Teresa …

   a. se levantó.

   b. se puso nerviosa.

   c. se bañó.

6. Teresa se bañó …

   a. con agua muy caliente.

   b. con una loción fantástica.

   c. con talco.

7. La bolsa que le dieron a Teresa en el hotel tiene …

   a. crema de afeitar.

   b. lápiz labial.

   c. maquillaje.

8. Antes de salir del hotel, Teresa …

   a. se viste

   b. se pone el traje a cuadros.

   c. se ducha, se seca el pelo y se maquilla.

9-2 Match the number of each description you hear with the scenes depicted in the illustration below. Check your answers in the Answer Key.

STRUCTURAS

Reflexive verbs

9-3 Form complete sentences using the cues provided. Then listen and repeat as the speaker gives the correct answer.

1. yo / acostarse / a las diez

2. tú / dormirse / a la medianoche

3. ella / quitarse / la ropa

4. nosotros / afeitarse / todas las mañanas

5. los niños / bañarse / por la tarde

6. ¿Arturo / cepillarse / los dientes?

7. tú / secarse / el pelo con la secadora

8. nosotros / divertirnos / en la fiesta

9. yo / enamorarse / mucho

10. nuestros abuelos / enojarse

9-4 Use commands to answer the following questions positively or negatively, according to the cues. Then listen and repeat as the speaker gives the correct answer.

MODELO: You hear: ¿Me pongo los zapatos?
                    You say: Sí, ponte los zapatos.
                         or
                    You say: No, no te pongas los zapatos.

1. Sí, …   4. No, …

2. No, …   5. Sí, …

3. Sí, …   6. No, …

9-5 Using the cues provided, tell what the persons named below are doing. Follow the model. Then listen and repeat as the speaker gives the correct answer.

MODELO: You see: Carlos / afeitarse
                 You say: Carlos está afeitándose.

1. Margarita y Soledad / despertarse

2. Gabriel / ponerse nervioso

3. Santiago y Miguel / pelearse

4. Cecilia / mirarse en el espejo

5. Lucía y Angela / vestirse

6. Los estudiantes / divertirse

Now repeat the exercise, using the same cues and following the model below. Then listen and repeat as the speaker gives the correct answer.

MODELO: You hear: Carlos / afeitarse
                 You say: Carlos se está afeitando.

Reciprocal reflexives

9-6 Reconstruct the love story of Jorge and Silvia using the cues provided. Then listen and repeat as the speaker gives the correct answer.

MODELO: You see: conocerse / una larga noche de verano
                 You say: Se conocieron una larga noche de verano.

1. conocerse / en una fiesta de la universidad

2. entenderse / perfectamente

3. enamorarse / rápidamente

4. llamarse / por teléfono todos los días

5. casarse / en la primavera

6. enojarse / a menudo

7. divorciarse / en el otoño

8. encontrarse / en el invierno

9. besarse / con pasión

10. juntarse / otra vez

9-7 Now Silvia is telling her love story to a friend that she has not seen for many years. Retell the story as Silvia would, using the reflexive **nos** and the cues below, repeated from Exercise 9-6. Then listen and repeat as the speaker gives the correct answer.

MODELO:　　You see:　conocerse / una larga noche de verano.
　　　　　　You say:　Nos conocimos una larga noche de verano.

1. conocerse / en una fiesta de la universidad
2. entenderse / perfectamente
3. enamorarse / rápidamente
4. llamarse / por teléfono todos los días
5. casarse / en la primavera

6. enojarse / a menudo
7. divorciarse / en el otoño
8. encontrarse / en el invierno
9. besarse / con pasión
10. juntarse / otra vez

Hacer + expressions of time

9-8 Describe how long something has been going on using the cues provided and a form of **hacer**. Then listen and repeat as the speaker gives the correct answer.

MODELO:　　You see:　dos años / yo / vivir / residencia
　　　　　　You say:　Hace dos años que vivo en la residencia.

1. dos semestres / (nosotros) estudiar / español

2. cuatro días / (yo) no beber / leche

3. tres horas / peinarte / el pelo

4. más de media hora / Julia y Paco / hablar / teléfono

5. cinco años / su familia / vivir / Mesa Verde

6. dos días / mi abuela / nos / visitar

9-9 Describe how long ago something happened by answering the questions you hear using the cues provided and a form of **hacer**. Then listen and repeat as the speaker gives the correct answer.

MODELO:　　You hear:　¿Hace cuánto tiempo que compraste los boletos?
　　　　　　You see:　dos días
　　　　　　You say:　Hace dos días que compré los boletos.

1. tres años
2. una hora
3. quince días

4. diez minutos
5. seis horas
6. una semana

¡Así es la vida!

9-10 Marcos, Verónica and Diego are students sharing a house. Listen to the following descriptions of the household chores for which each of them is responsible. Then indicate whether each statement below is **C** (**cierto**) or **F** (**falso**).

1. Todas las semanas Verónica tiene que sacar la basura.   C   F

2. Una vez a la semana Marcos usa la lavadora y la secadora.   C   F

3. Dos veces por semana Marcos limpia los muebles de la planta alta.   C   F

4. De vez en cuando Verónica usa la aspiradora y el lavaplatos.   C   F

5. A Verónica le gustan las comidas que prepara Diego.   C   F

6. Generalmente Diego usa la escoba para limpiar la cocina.   C   F

7. Diego nunca se olvida de su trabajo y se pone furioso cuando Marcos no ordena.   C   F

8. A menudo Marcos y Diego usan la aspiradora.   C   F

9-11 Leticia is describing her new house to her mother. Looking at the picture below, answer the mother's questions. Then listen and repeat as the speaker gives the correct answer.

MODELO: You hear: ¿Qué hay sobre la cómoda?
                You say: Sobre la cómoda hay una lámpara

1. ...
2. ...
3. ...
4. ...
5. ...

Nombre: _____   Fecha: _____

¡ASÍ LO DECIMOS!

9-12 Listen as Leticia describes her house. Check all the items listed below that you hear her mention.

___ alfombra	___ cuadro	___ lavadora	___ refrigerador
___ aparador	___ dormitorio	___ lavaplatos	___ sala
___ aspiradora	___ escritorio	___ libros	___ secadora
___ baño	___ escalera	___ mecedora	___ sillón
___ cama	___ garaje	___ mesa de noche	___ sofá
___ cocina	___ horno	___ pasillo	___ televisor
___ comedor	___ jardín	___ planta alta	___ terraza
___ cómoda	___ lámpara	___ planta baja	___ ventanas

ESTRUCTURAS

Impersonal and passive *se*

9-13 Form sentences using the cues provided in order to describe typical household chores. Then listen and repeat as the speaker gives the correct answer.

MODELO: You see: barrer / los pisos / de vez en cuando
You say: Se barren los pisos de vez en cuando.

1. cortar / la hierba / a menudo

2. hacer / las camas

3. pasar / la aspiradora / la sala

4. lavar / los platos sucios

5. preparar / la comida / cada día

6. planchar / las camisas y los pantalones

7. ordenar / los cuartos / de vez en cuando

8. sacar / la basura

9-14 Transform the sentences below into impersonal expressions using **se**. Then listen and repeat as the speaker gives the correct answer.

MODELO: You see: Generalmente cocinábamos la carne por la noche.
           You say: Generalmente se cocinaba la carne por la noche.

1. Mi hermano secaba la ropa.

2. Mi madre ponía la mesa todos los días.

3. Yo limpiaba los baños.

4. Mis hermanos lavaban la ropa frequentemente.

5. Nosotros quitábamos la mesa después de comer.

6. Mi hermana sacudía el polvo de los muebles.

Se for unplanned occurrences

9-15 Form complete sentences using the cues provided. Then listen and repeat as the speaker gives the correct answer.

MODELO: You see: (a él) / ocurrirse / una buena idea
           You say: Se le ocurrió una buena idea.

1. (a ella) / perderse / las llaves

2. (a ti) / olvidarse / el recibo

3. (a ellas) / quemarse / la hamburguesa

4. (a nosotros) / romperse / las sandalias

5. (a ustedes) / caerse / los papeles

6. (a ti) / quedarse / las llaves

7. (a usted) / perderse / las maletas

8. (a mí) / caerse / el vaso

9-16 Answer the questions that you hear using the cues provided. Then listen and repeat as the speaker gives the correct answer.

MODELO: You hear: ¿Se te rompieron los libros?
           You see: la libreta
           You say: No, se me rompió la libreta.

1. las toallas   4. los pasaportes

2. el reloj   5. la cámara

3. la maleta

The relative pronouns *que, quien* and *lo que*

9-17 Complete the following sentences using the cues provided and the expressions **que**, **quien(es)** or **lo que**. Then listen and repeat as the speaker gives the correct answer.

1. El señor _____ llamó ayer es mi padre.

2. Eso es _____ no me gusta.

3. Ése es el chico con _____ viajé.

4. Verte contenta es _____ me importa.

5. La agencia _____ vende los pasajes es *Costamar*.

6. Los pasajeros de _____ hablamos están allí.

7. Aquella señorita es la azafata _____ me atendió.

8. Aquel señor es el piloto a _____ le dieron el trabajo.

9. Ésa es la chica de _____ te hablé.

10. _____ tienes que hacer es estudiar más.

11. La persona con _____ hablaste es mi hermana.

12. ¿Por qué no me dices _____ estás pensando?

Al fin y al cabo

9-18 As you listen to the description of the speaker's dream house, check each room and each piece of furniture mentioned.

___ alfombra	___ cómoda	___ jardín	___ secadora
___ baño	___ cuadro	___ lámpara	___ sillas
___ butaca	___ estantes	___ mecedora	___ sillón
___ cama	___ fregadero	___ mesa	___ sofá
___ cocina	___ garaje	___ pasillo	___ terraza
___ comedor	___ habitación	___ sala	___ ventana

9-19 Answer the following questions using the cues provided. Then listen and repeat as the speaker gives the correct answer.

MODELO: You hear: ¿Qué hacías tú cuándo yo me acosté?
                You see: barrer el cuarto
                You say: Yo barría el cuarto cuando tú te acostaste.

1. lavar la ropa

2. poner la mesa

3. preparar el desayuno

4. pelearse

5. estudiar ingeniería

6. pintarse las uñas

7. jugar con las tijeras

8. divertirse

9-20 Answer the questions you hear according to the cues provided. Then listen and repeat as the speaker gives the correct answer.

MODELO: You hear: ¿Ordenaste el cuarto?
                You say: Sí, lo ordené.
                      or
                You say: No, no lo ordené.

1. Sí, …

2. No, …

3. Sí, …

4. No, …

5. Sí, …

6. No, …

9-21 Answer the following questions negatively using the cues provided. Then listen and repeat as the speaker gives the correct answer.

MODELO: You hear: ¿Te lavaste los dientes?
           You see: pelo
           You say: No, no me los lavé. Me lavé el pelo.

1. crema de afeitar

2. la toalla

3. la máquina de afeitar

4. loción

5. las uñas

6. la secadora de pelo

9-22 As a real estate agent, part of your job is to match your agency's clients with properties advertised in the local newspaper. Read the ads below and match them with the clients your boss has described on the tape.

1. los García _____

2. los Rodríguez _____

3. Carlos Ruiz _____

4. los Torres _____

¡Tu salud es lo primero!

PRIMERA PARTE
¡Así es la vida!

10-1 As you listen to the following conversation, circle the letters corresponding to all statements that are correct, according to what you hear. Listen to the tape as many times as necessary to find all the correct answers.

1. A Paula …

    a. le duelen los oídos.

    b. le duele la garganta.

    c. le duelen los huesos.

2. La farmacéutica …

    a. le pregunta a Paula si tiene gripe.

    b. le pregunta si tose.

    c. le dice a Paula que vea a un médico.

3. A Paula …

    a. no le gusta ir al médico.

    b. le da un jarabe para la tos.

    c. le duele el pecho.

4. Marcos …

    a. se siente mejor.

    b. quiere un antiácido.

    c. tiene dolor de estómago.

5. Don Felipe …

    a. se siente mal.

    b. necesita tomarse la presión.

    c. quiere que le den una inyección.

6. Alejandro …

    a. se rompió una pierna.

    b. necesitó sacarse una radiografía.

    c. es un muchacho muy saludable.

7. Don Felipe …

    a. es el esposo de doña Ester.

    b. tiene gripe.

    c. tiene un nieto que se llama Marcos.

¡ASÍ LO DECIMOS!

10-2 Choose the word or expression from **¡Así lo decimos!** that best completes each sentence you hear. Then listen and repeat as the speaker gives the correct answer.

1. a. el estómago.
   b. el brazo.
   c. la sangre.

2. a. te rompes un hueso.
   b. haces ejercicio.
   c. guardas cama.

3. a. operó.
   b. sacó la lengua.
   c. tosió.

4. a. tiene náusea.
   b. toma la temperatura.
   c. receta la temperatura.

5. a. hueso.
   b. corazón.
   c. brazo.

6. a. del pie.
   b. del brazo.
   c. de la garganta.

ESTRUCTURAS

Formal commands

10-3 Give the opposite of each command you hear. Then listen and repeat as the speaker gives the correct answer.

MODELO: You hear: No lo compre.
              You say: Cómprelo.
                   or
              You hear: Ríñales
              You say: No les riña.

1. Cocínelas.
2. Pónganlo.
3. Llámenos.

4. No los coman.
5. No la beban.
6. No me diga.

10-4 Answer the following questions according to the cues given below. Then listen and repeat as the speaker gives the correct answer.

MODELO: You hear: ¿Sirvo la cena?
            You say: No, no la sirva.
                  or
            You say: Sí, sírvala.

1. No, …

2. Sí, …

3. No, …

4. Sí, …

5. No, …

6. Sí, …

The present subjunctive of regular verbs

10-5 Doctor Vidal has advice on health care for all of her clients. Using the cues provided, tell what she wants each client to do. Then listen and repeat as the speaker gives the correct answer.

La doctora Vidal quiere que ...

1. yo / caminar / por el parque

2. tú / venir / frecuentemente al consultorio

3. usted / comer / comida sin grasa

4. nosotros / hacer / más ejercicios

5. los niños / guardar / cama

6. tú / no / romperse / ningún hueso

7. yo / traer / las radiografías

8. nosotros / no / caerse / de la cama

9. usted / operarse / hoy

10. ustedes / no / tener / náuseas

The present subjunctive of stem-changing verbs

10-6 Doctor Vidal insists that her patients do certain things. Form sentences using the cues provided. Then listen and repeat as the speaker gives the correct answer.

La doctora Vidal insiste en que ...

1. yo / pensar / en la salud

2. tú / devolver / los exámenes pronto

3. nosotras / dormir / más

4. ustedes / llegar / al consultorio a tiempo

5. tú / empezar / una dieta esta semana

The present subjunctive of irregular verbs

10-7 Form sentences using the cues provided. Then listen and repeat as the speaker gives the correct answer.

La doctora Vidal quiere que ...

1. el enfermero / ser / simpático con los pacientes

2. yo / darle / la información a la enfermera

3. tú / estar / mejor en una semana

4. nosotros / ir / al consultorio hoy

5. ellas / saber / cómo hacer una radiografía

The Spanish subjunctive in noun clauses

10-8 Complete the following sentences using the cues provided. Then listen and repeat as the speaker gives the correct answer.

MODELO: You see: yo quiero que / tú ir al médico
            You say: Yo quiero que tú vayas al médico.

1. el doctor Pérez desea que / ustedes ponerse a dieta

2. tu madre insiste en que / tú venir pronto

3. nosotros preferimos que / ella guardar cama

4. yo quiero que / nosotros salir de aquí

5. el doctor prohíbe que / yo fumar

The subjunctive to express volition

10-9 As a hospital receptionist, you need to tell callers what to do. Form complete sentences using the cues provided. Then listen and repeat as the speaker gives the correct answer.

MODELO: You see: el doctor / insistir en / los Pérez venir inmediatamente
            You say: El doctor insiste en que los Pérez vengan inmediatamente.

1. la doctora Vidal / recomendar / tú / dejar / de fumar

2. los doctores / desear / usted / hacerse / las pruebas

3. el doctor Luján / querer / yo / tomar / el mensaje

4. el doctor Cárdenas / prefiere / nosotros / darle / una cita

5. la farmacéutica / necesitar / el doctor / dar / una receta

10-10 Form complete sentences using the cues provided and following the model. Then listen and repeat as the speaker gives the correct answer.

MODELO: You see: el doctor Álvarez / a nosotros / hacer ejercicios
            You say: El doctor Álvarez nos dice que hagamos ejercicios.

1. el enfermero / a ti / empezar a respirar

2. los doctores Pérez y García / a mí / hacerse los exámenes

3. la doctora Ríos / a nosotros / oír sus consejos

4. el farmacéutico / a ella / pagar los remedios en efectivo

5. la recepcionista / a ellos / esperar en la sala de espera

10-11 Answer the questions you hear using the cues provided. Then listen and repeat as the speaker gives the correct answer.

1. ir / al consultorio / por la tarde

2. volver / en dos semanas

3. Marcos / perder peso

4. tomar / antibióticos / cada ocho horas

5. los pacientes / visitar / a los médicos

SEGUNDA PARTE
¡Así es la vida!

10-12 As you listen to the following conversation, circle the letters corresponding to all statements that are correct, according to what you hear. Listen to the tape as many times as necessary to find all the correct answers.

1. La doctora Roca …

   a. dice que los resultados son negativos.

   b. recomienda pastillas para el dolor de espalda.

   c. insiste en que el problema es el sobrepeso.

2. Carlos …

   a. tiene mucho dolor de espalda.

   b. está gordo.

   c. prefiere comer frutas y agua mineral.

3. La doctora …

   a. quiere que Carlos pierda peso lentamente.

   b. prefiere que Carlos haga una dieta muy complicada.

   c. piensa que el plan no va a ser tan horrible.

4. A Carlos …

   a. le sugiere que vaya a una tienda naturista.

   b. le aconseja que coma comida con muchas proteínas.

   c. le recomienda que se inscriba en un club para hacer gimnasia.

5. La doctora dice que trotar …

   a. va a ayudar a Carlos que adelgace.

   b. ayuda a mantenerse en forma.

   c. ayuda a no engordar.

6. La dieta de Carlos …

   a. es muy simple.

   b. permite comer sólo hidratos de carbono.

   c. permite comer dos alimentos de la lista.

7. Carlos tiene que …

   a. controlar su peso todas las noches.

   b. anotar todo lo que come.

   c. ver a la doctora en catorce días.

8. La doctora le recomienda a Carlos …

   a. que siga tomando avena.

   b. que deje de tomar avena.

   c. que se olvide del colesterol.

¡Así lo decimos!

10-13 Choose the most logical word or expression to complete each sentence you hear. Then listen and repeat as the speaker gives the correct answer.

1. a. avena.

   b. estatura.

   c. sobrepeso.

2. a. la gimnasia.

   b. la estatura.

   c. la diabetes.

3. a. levantar pesas.

   b. engordar.

   c. hacer reposo.

4. a. complexión.

   b. proteína.

   c. manteca.

5. a. trotar.

   b. adelgazar.

   c. reposo.

6. a. sobrepeso.

   b. cigarrillo.

   c. peso.

Estructuras

The subjunctive to express feelings and emotions

10-14 Answer the following questions using the cues provided. Then listen and repeat as the speaker gives the correct answer.

MODELO: You hear: ¿Qué espera el dueño del club?
             You see: mucha gente / venir hoy
             You say: El dueño del club espera que mucha gente venga hoy.

1. las clases de gimnasia / ser / tan caras

2. tú / adelgazar / tanto

3. la dieta / terminar / pronto

4. el profesor / no / estar / aquí

5. el colesterol / bajar

10-15 Listen to the following sentences and combine them with the cues provided to form new sentences. Then listen and repeat as the speaker gives the correct answer.

1. Nos alegra …

4. Esperamos …

2. Me enoja …

5. Lamento …

3. Siento …

10-16 After listening to the message Ana's father left on her answering machine, answer the questions below. Then listen and repeat as the speaker gives the correct answer.

MODELO: You hear: ¿Qué les sorprende a los padres de Ana?
             You say: Les sorprende que Ana no esté en casa.

1. ¿Qué lamentan los padres de Ana?

2. ¿De qué se alegran los padres de Ana?

3. ¿Qué esperan los padres de Ana?

4. ¿Qué les enoja a los padres de Ana?

5. ¿Qué temen los padres de Ana?

Indirect commands

10-17 Answer the questions you hear using the cues provided. Then listen and repeat as the speaker gives the correct answer.

MODELO: You hear: ¿Qué le digo a la doctora Peña?
             You see: preparar / la receta para el señor Pérez
             You say: Que prepare la receta para el señor Pérez.

1. llamar / a los médicos de guardia

2. sacar / una radiografía de la rodilla izquierda

3. ir / a sus casas

4. esperar / la radiografía

5. llevar / los resultados al consultorio

10-18 Look at the assignments for the people on the list and transform them into indirect commands. Then listen and repeat as the speaker gives the correct answer.

MODELO: You see: Ana ir a la tienda por avena
            You say: Que Ana vaya a la tienda por avena.

1. Pablo y Juan comprar las aspirinas

2. Ángeles llamar al médico

3. Susana pedir una cita con el radiólogo

4. Los niños ir al gimnasio

5. José no comer dulces

6. Todos llamar a la tienda a las tres

S Í N T E S I S
Al fin y al cabo

10-19 The following Spanish sayings refer to at least one part of the body. As you listen, complete the illustration below by labeling the parts of the body you hear mentioned.

10-20 Using the pictures below, answer the questions you hear about the people depicted. Then listen and repeat as the speaker gives the correct answer.

1.

2.

3.

4.

5.

6.

10-21 Listen to the messages that Víctor Ruiz, Manuel Águilar, Mercedes Cuevas and Lucía Benavídez have left for their doctors. Then decide which of the following things you think the doctors will tell them.

EL MÉDICO ...	VÍCTOR RUIZ	MANUEL AGUILAR	MERCEDES CUEVAS	LUCÍA BENAVÍDEZ	TODOS	NINGUNO
(1) quiere que venga a verlo.						
(2) sugiere que haga ejercicios.						
(3) espera que no tenga ningún hueso roto.						
(4) pide que se saque una radiografía.						
(5) recomienda que tome un antiácido.						
(6) espera que no tenga una infección de pulmón.						
(7) prohíbe que fume.						
(8) manda que tome antibióticos.						
(9) quiere que se ponga a dieta.						
(10) lamenta que le tengan que poner una inyección.						
(11) espera que coma más.						

10-22 Listen to the medical problems of the following people and respond using the cues provided. Then listen and repeat as the speaker gives the correct answer.

MODELO: You hear: Doctora, me duele el pecho.
               You see: sugerir / hacerse una radiografía de los pulmones
               You say: Le sugiero que se haga una radiografía de los pulmones.

1. prohibir / fumar

2. querer / bajar de peso

3. esperar / venir en dos semanas

4. alegrarse / sentirse mejor

5. temer / estar roto el hueso

¿Para qué profesión te preparas?

PRIMERA PARTE
¡Así es la vida!

11-1 As you listen to the following conversation, circle the letters corresponding to all statements that are correct, according to what you hear. Listen to the tape as many times as necessary to find all the correct answers.

1. Jorge …

   a. leyó el anuncio en una revista.

   b. oyó el anuncio por la radio.

   c. vio el anuncio en el periódico.

2. La empresa "Buen Trabajo" publicó …

   a. un solo aviso.

   b. más de un aviso.

   c. tres avisos.

3. Jorge quiere …

   a. un trabajo de secretario.

   b. un trabajo en la construcción.

   c. un trabajo de arquitecto.

4. Jorge es …

   a. contador.

   b. carpintero.

   c. electricista.

5. La dirección de Jorge es …

   a. Valencia 205, tercero, segunda.

   b. Valencia 305, tercero, primera.

   c. Valencia 305, tercero, primero.

6. El horario libre de Jorge es …

   a. por la tarde.

   b. de 8,30 a 14,00.

   c. de la mañana hasta las dos.

7. La meta del Sr. Requelme es …

   a. ser jefe de personal.

   b. ser coordinador.

   c. ser supervisor.

8. Jorge … ⁄

   a. quiere ganar mil pesetas por hora.

   b. prefiere un sueldo fijo.

   c. tiene un trabajo en la empresa
      "Construc S.A."

9. El jefe de personal …

   a. llamará a Jorge.

   b. entrevistará a Jorge.

   c. le dará el puesto de supervisor a Jorge.

¡ASÍ LO DECIMOS!

11-2 Listen to the following sentences and choose the letter corresponding to the word that best completes each sentence. Then listen and repeat as the speaker gives the correct answer.

1. a. arquitecto.

   b. dentista.

   c. peluquero.

2. a. programadora.

   b. electricista.

   c. cocinera.

3. a. plomero.

   b. peluquero.

   c. viajante.

4. a. peluquera.

   b. carpintera.

   d. secretario.

5. a. apagar fuegos.

   b. reparar coches.

   c. escribir a máquina todas las cartas del

   gerente.

6. a. cocineros.

   b. contadores.

   c. bomberos.

7. a. veterinario.

   b. psicólogo.

   c. mecánico.

8. a. psicóloga.

   b. periodista.

   c. bombera.

9. a. diseñar casas.

   b. repartir las cartas y los paquetes.

   c. apagar fuegos.

10. a. supervisor.

    b. electricista.

    c. plomero.

ESTRUCTURAS

The subjunctive to express doubt or denial

11-3 Form sentences using the cues provided. Then listen and repeat as the speaker gives the correct answer.

1. no / creer (tú) / mi dentista / estar / consultorio

2. dudar (ellos) / la ingeniera / resolver / el problema

3. pensar (nosotros) / los bomberos / ser / valiente

4. estar (tú) / seguro de / la médica / curar / mi enfermedad

5. no / dudar (ellas) / los carteros / llegar / a tiempo

6. creer (yo) / el intérprete / entender / ruso

7. no / pensar (usted) / la contadora / usar / calculadora

8. no / negar (yo) / el cocinero / conocer / la jefa

11-4 Change the sentences you hear using the cues provided. Then listen and repeat as the speaker gives the correct answer.

1. (yo) no creer

2. (ustedes) negar

3. (nosotros) no dudar

4. (yo) dudar

5. (ella) no pensar

6. (tú) creer

7. (nosotras) no negar

8. (usted) dudar

11-5 Answer the following questions using the cues provided. Then listen and repeat as the speaker gives the correct answer.

1. No, …

2. Sí, …

3. No, …

4. No, …

5. Sí, …

The *nosotros* command forms

11-6 Form **nosotros** commands with the verbs in the present subjunctive, using the cues provided. Then listen and repeat as the speaker gives the correct answer.

1. poner / las inyecciones en el consultorio

2. apagar / los fuegos

3. escribir / la carta a máquina

4. aceptar / el puesto ahora

5. reparar / el coche por la mañana

6. cortar / el pelo antes de las dos

7. repartir / el paquete a la jefa

8. contratar / un analista de sistemas

11-7 You have a summer job in a hotel. Your friend is telling you what you both need to accomplish before you can go home. Respond with **nosotros** commands using the cues provided. Then listen and repeat as the speaker gives the correct answer.

MODELO: You see: hablar / el jefe / unos minutos
     You say: Hablemos con el jefe unos minutos.

1. pasar / la aspiradora / las habitaciones

2. hacer / las camas / de todos

3. no / sentarse / sillas cómodas

4. limpiar / la piscina / de afuera

5. no / apagar / todas las luces

6. Lavarse / las manos / antes de salir

SEGUNDA PARTE
¡Así es la vida!

11-8 As you listen to the following conversation, circle the letters corresponding to all statements that are correct, according to what you hear. Listen to the tape as many times as necessary to find all the correct answers.

1. Carlos Rodríguez …

    a. era estudiante.

    b. es estudiante.

    c. busca trabajo.

2. El señor Peña …

    a. trabaja en una empresa de computación.

    b. quiere contratar al Sr. Rodríguez.

    c. entrevista a Carlos.

3. El señor Rodríguez …

    a. no tiene experiencia práctica.

    b. sí tiene experiencia práctica.

    c. tiene experiencia trabajando en la
       universidad.

4. El puesto …

    a. es por un año.

    b. es ofrecido a Carlos.

    c. es aceptado por Carlos.

5. El puesto incluye beneficios de …

    a. seguro de vida para toda la familia.

    b. bonificaciones anuales.

    c. seguro médico

6. La empresa …

    a. hace una evaluación de los empleados

       cada dos meses.

    b. da aumento cada seis meses.

    c. asciende a todos sus empleados dos veces

       al año.

¡A SÍ LO DECIMOS!

11-9 Listen to the following sentences and choose the letter corresponding to the word or expression that best completes each sentence. Then listen and repeat as the speaker gives the correct answer.

1. a. la despedida de una carta comercial.

   b. el saludo de una carta comercial.

   c. el título del currículum vitae.

2. a. trabaja poco.

   b. trabaja mucho.

   c. es entusiasta y capaz.

3. a. un currículum vitae.

   b. una solicitud de empleo.

   c. una carta de recomendación.

4. a. la renuncia.

   b. el seguro.

   c. el puesto.

5. a. solicitud.

   b. agencia.

   c. aspirante.

6. a. el currículum vitae.

   b. la evaluación.

   c. la solicitud.

7. a. ascender.

   b. aumentar.

   c. renunciar.

ESTRUCTURAS

The subjunctive with impersonal expressions

11-10 Listen to the following sentences and indicate whether they express certainty or uncertainty by placing a check mark in the appropriate column.

	CERTAINTY	UNCERTAINTY
1.		
2.		
3.		
4.		
5.		
6.		
7.		
8.		

11-11 Form sentences using the cues provided. Then listen and repeat as the speaker gives the correct answer.

MODELO: You see: es importante / el director / saber la verdad
                   You say: Es importante que el director sepa la verdad.
                        or
                   You see: es mejor / hablar / el despacho
                   You say: Es mejor hablar en el despacho.

1. es bueno / los empleados / ser / honrados

2. es difícil / dejar / el empleo / a veces

3. es dudoso / la secretaria / recibir / el aumento

4. no es fácil / leer / las evaluaciones

5. es necesario / el aspirante / dar / tres referencias

11-12 Answer the following questions using the cues provided. Then listen and repeat as the speaker gives the correct answer.

MODELO: You hear: ¿Qué es necesario?
                You see: usted / enviar / el expediente
                You say: Es necesario que usted envíe el expediente.

1. (tú) / no / comer / durante la entrevista

2. ustedes / tener / seguro médico

3. (nosotros) / ascender / Paulina

4. un médico / curar / todas las enfermedades

5. haber / plan de retiro

The subjunctive with indefinite or nonexistent antecedents

11-13 Form sentences using the cues provided. Then listen and repeat as the speaker gives the correct answer.

1. buscar (nosotros) / un aspirante / ser / capaz

2. conocer (yo) / un plomero / no / cobrar / mucho

3. necesitar (ustedes) / una carta / empezar / con "Estimado señor:"

4. tener (tú) / una casa / tener / jardín

5. ¿haber / algún viajante / ser / entusiasta?

11-14 Change each sentence below to the opposite. Follow the model. Then listen and repeat as the speaker gives the correct answer.

MODELO: You see: Tengo un auto que es rojo y blanco.
                You say: Busco un auto que sea rojo y blanco.

1. Tengo un empleo que es muy interesante.

2. Tienen unas amigas que son muy divertidas.

3. Tienes un mapa que es del Ecuador.

4. Tengo un gerente que trabaja mucho.

11-15 Answer the following questions using the cues provided. Then listen and repeat as the speaker gives the correct answer.

MODELO: You hear: ¿Conoces a alguien que sea de Bolivia?
            You say: Sí, conozco a alguien que es de Bolivia.
               or
            You say: No, no conozco a nadie que sea de Bolivia.

1. No, …

2. Sí, …

3. No, …

4. Sí, …

The subjunctive with *ojalá, tal vez* and *quizás*

11-16 Form sentences using the cues provided. Then listen and repeat as the speaker gives the correct answer.

1. tal vez / ellos / ayudar / (a mí) / los quehaceres

2. ojalá / él / secar / la ropa

3. tal vez / nosotros / cocinar / la cena

4. quizás / ellas / lavar / los platos

5. ojalá / (tú) / preparar / comida rica

11-17 Answer the questions you hear using the cues provided. Then listen and repeat as the speaker gives the correct answer.

MODELO: You hear: ¿Crees que mi madre viene mañana?
            You see: Ojalá
            You say: ¡Ojalá que tu madre venga mañana!

1. Tal vez …

2. Ojalá …

3. Tal vez …

4. Quizás …

5. Ojalá …

Al fin y al cabo

11-18 Complete the chart below as you listen to the following descriptions of people and their jobs.

NOMBRE	TRABAJA A COMISIÓN	SUELDO FIJO	PLAN DE RETIRO	SEGURO DE SALUD	SEGURO DE VIDA
Echeverría					
Pinto					
Salinas					
Estévez					
Roldán					

11-19 Listen again to the descriptions of the people in Exercise 11–18, and indicate whether each of the following statements is **C** (**cierto**) or **F** (**falso**). Check your answers in the Answer Key.

1.   C   F

2.   C   F

3.   C   F

4.   C   F

11-20 You will hear a short story. After listening to the story, indicate whether the statements below are **C** (**cierto**) **F** (**falso**) or **N** (**no está**).

1. El secretario de la directora es muy listo.   C   F   N

2. La directora busca un secretario que sea inteligente.   C   F   N

3. La amiga de la directora duda que el secretario sea útil.   C   F   N

4. El secretario busca un trabajo que pague más.   C   F   N

5. Es importante que el secretario comprenda los artículos.   C   F   N

6. Dudamos que la directora escriba cartas en el periódico.   C   F   N

7. Es verdad que el secretario no hace nada bien.   C   F   N

8. El secretario es útil precisamente porque no es inteligente.   C   F   N

¿Me puede decir...?

PRIMERA PARTE
¡Así es la vida!

12-1 As you listen to the following conversation, circle the letters corresponding to all statements that are correct, according to what you hear. Listen to the tape as many times as necessary to find all the correct answers.

1. Nuria …

   a. quiere cambiar dólares.

   b. tiene que enviar una carta.

   c. necesita cambiar pesetas.

2. El banco …

   a. está junto al cine.

   b. abre a las diez de la mañana.

   c. queda a una cuadra de donde hablan.

3. Ramiro …

   a. desea comprarle dólares a Nuria.

   b. no sabe donde puede cambiar dinero.

   c. vende tarjetas postales.

4. El cambio está a …

   a. 102 pesos por peseta.

   b. 102 pesetas por peso.

   c. 112 pesetas por peso.

5. La cajera …

   a. puede cambiar los cheques de viajero.

   b. sólo puede cambiar 100.000 pesetas.

   c. le cambia 200.000 pesetas a Nuria.

6. Ramiro …

   a. le cambia 20 dólares a Nuria.

   b. dice que el dólar está a 1,5.

   c. necesita ver el pasaporte de Nuria.

7. Nuria …

   a. quiere ir al correo.

   b. compra un sobre y unos sellos.

   c. necesita enviar un paquete.

8. El correo está …

   a. muy lejos.

   b. más o menos a dos cuadras.

   c. cruzando una calle.

 **SÍ LO DECIMOS!**

12-2 Listen to the words and expressions from **¡Así lo decimos!** and choose the answer that best completes each of the following sentences. Then listen and repeat as the speaker gives the correct answer.

1. Para hacer un cheque necesito tener una …

2. El cajero es la persona que atiende detrás de la …

3. El papel que me dan después de cambiar dinero es el …

4. Para poder cobrar un cheque lo tienes que …

5. Para saber cúanto vas a gastar, todos los meses tú haces un …

12-3 Listen to the following definitions. Then circle the letter corresponding to the word or expression from **¡Así lo decimos!** that fits each definition.

1. a. estanco   b. código postal   c. buzón

2. a. franqueo   b. correo aéreo   c. recibo

3. a. remitente   b. destinatario   c. cajero

4. a. sello   b. correo aéreo   c. código postal

5. a. remitente   b. cliente   c. viajero

 **STRUCTURAS**

The present perfect tense

12-4 Tell what the following people have just done using the cues provided. Then listen and repeat as the speaker gives the correct answer.

1. Camila / firmar / los cheques

2. Josefina y Margarita / ir / al correo

3. nosotras / cambiar / el dinero

4. tú / comprar / los sellos

5. yo / poner / el código postal

6. usted / abrir / la carta

7. los niños / romper / el sobre

8. Ellos / descubrir / el paquete

12-5 Change the following sentences to the present perfect. Then listen and repeat as the speaker gives the correct answer.

1. Nosotros te esperamos en el correo.

2. Yo envié el paquete

3. Tú escribiste las cartas.

4. Ella firmó los cheques de viajero.

5. Ustedes cambiaron los soles a pesos.

6. Nosotras fuimos al banco.

7. Por fin abrieron el banco.

8. Marta se rompió el brazo.

9. Raúl y Paco perdieron el cheque.

10. Yo puse la mesa.

11. Se murió el abuelo de Isabel.

12. Pablo y yo hicimos el trabajo.

Past participles used as adjectives

12-6 Form sentences using the cues provided. Then listen and repeat as the speaker gives the correct answer.

MODELO: You see: las ventanas / estar / abrir
              You say: Las ventanas están abiertas.

1. las puertas / estar / cerrar

2. el libro / estar / cerrar

3. los cheques / estar / endosar

4. la ventanilla de pagos / estar /abrir

5. las cajeras / estar / aburrir

6. el artículo / estar / escribir

7. la suerte / estar / echar

8. los buzones / estar / pintar

12-7 Respond affirmatively to the following questions using past participles. Then listen and repeat as the speaker gives the correct answer. Follow the model.

MODELO: You hear: ¿Escribiste las cartas?
              You say: Sí, ya están escritas.

1. …

2. …

3. …

4. …

5. …

6. …

7. …

8. …

¡Así es la vida!

12-8 As you listen to the following conversation, circle the letters corresponding to all statements that are correct, according to what you hear. Listen to the tape as many times as necessary to find all the correct answers.

1. Clara …

   a. quiere una habitación por tres noches.

   b. tiene la habitación 634.

   c. reservó la habitación desde Madrid.

2. La habitación 634 …

   a. es una suite de lujo.

   b. tiene aire acondicionado.

   c. tiene baño privado.

3. El baño …

   a. está junto a la habitación 634.

   b. tiene agua caliente todo el día.

   c. tiene papel higiénico.

4. Las camareras …

   a. trabajan muchas horas.

   b. están reunidas con el botones.

   c. tienen problemas de trabajo.

5. Clara …

   a. tiene que hacer la cama.

   b. recibe dos frazadas.

   c. firma el registro.

6. El recepcionista …

   a. le da a Clara un mensaje.

   b. le lleva las maletas a su habitación.

   c. le entrega la llave y la ropa de cama.

7. Clara …

   a. desea que todo mejore.

   b. espera no tener problemas.

   c. tiene un mensaje en su casillero.

8. Hoy el hotel tiene servicio …

   a. de camarera.

   b. de lavandería.

   c. de restaurante a la habitación.

¡ASÍ LO DECIMOS!

12-9 Answer the questions that you hear based on the illustration below. Then listen and repeat as the speaker gives the correct answer.

1. …

2. …

3. …

4. …

5. …

6. …

7. …

8. …

ESTRUCTURAS

Possessive adjectives and pronouns

12-10 Answer the questions that you hear based on the cues provided. Follow the model. Then listen and repeat as the speaker gives the correct answer.

MODELO: You hear: ¿De quién es la almohada?
               You see: yo
               You say: La almohada es mía.

1. yo

2. yo

3. yo

4. tú

5. tú

6. tú

7. nosotras

8. nosotras

9. nosotros

10. ella

11. él

12. ellos

12-11 Form sentences using the cues provided. Then listen and repeat as the speaker gives the correct answer.

MODELO: You see: el baño privado / ella
               You say: El baño privado es suyo.

1. la habitación / nosotros

2. la propina / el botones

3. las cartas / los huéspedes

4. las maletas / yo

5. la cama doble / tú

6. el papel higiénico / ella

7. la llave / ustedes

8. los registros / la recepcionista

12-12 Answer the questions that you hear negatively using the cues provided. Then listen and repeat as the speaker gives the correct answer.

MODELO: You hear: ¿Las llaves son nuestras?
               You see: yo
               You say: No, las llaves no son suyas, son mías.

1. ella

2. nosotras

3. yo

4. él

Nombre: _____ Fecha: _____

The pluperfect tense

12-13 Form sentences using the pluperfect tense and the cues provided. Then listen and repeat as the speaker gives the correct answer.

1. ellas / nunca / estar / en un parador.

2. tú / nunca / arreglar / ascensor

3. él / nunca / recibir / quejas

4. nosotras / nunca / hacer / las camas del hotel

5. ustedes / nunca / alquilar / un salón de conferencias

6. yo / nunca / limpiar / el inodoro y el lavabo

12-14 Form sentences using the pluperfect tense and the cues provided. Then listen and repeat as the speaker gives the correct answer.

1. yo / ya / terminar / los ejercicios

2. Ana / ya / escribir / el artículo

3. Paco / nunca / estar / en México

4. el botones / ya / subir / nuestras maletas

5. antes de este año / mis padres / nunca / viajar / por avión

6. ya / arreglar (ellos) / los ascensores

7. el recepcionista / ya / preparar / la cuenta

8. antes de salir / perder (nosotros) / los cheques

The passive voice

12-15 Form sentences using the cues provided. Then listen and repeat as the speaker gives the correct answer.

MODELO: You see: los ejercicios / leer / los alumnos
            You say: Los ejercicios fueron leídos por los alumnos.

1. las cartas / escribir / ti

2. el recibo / hacer / la cajera

3. el presupuesto / escribir / el secretario

4. los cheques / firmar / el señor Álvarez

5. las pesetas / cambiar / Ramiro

6. la cuenta de ahorros / abrir / tu madre

12-16 Change the sentences that you hear to the passive voice. Then listen and repeat as the speaker gives the correct answer.

1. …

2. …

3. …

4. …

5. …

6. …

Al fin y al cabo

12-17 Listen to the information about the people depicted in the illustrations below. Based on what you hear, identify each person described by writing his or her name next to the corresponding character in each illustration.

1. En el correo

2. En el banco

12-18 Answer the questions that you hear using the possessive pronouns and the cues provided. Then listen and repeat as the speaker gives the correct answer.

MODELO: You hear: ¿Éstas son mis llaves?
You see: yo
You say: No, no son tuyas, son mías.

1. usted

2. ustedes

3. yo

4. nosotros

5. él

6. tú

12-19 Reword the following sentences, using the passive voice and the long forms of the possessive adjectives. Then listen and repeat as the speaker gives the correct answer.

MODELO: You see: El recepcionista escribió mi recibo.
You say: El recibo mío fue escrito por el recepcionista.

1. La cajera hizo nuestro recibo.

2. El botones subió sus maletas.

3. La secretaria escribió tu remitente.

4. La cajera preparó sus cheques de viajero.

5. El conserje anotó tus quejas.

12-20 Upon arriving at the hotel you and your friends realize that many things had gone wrong earlier in the day. Tell what happened. Then listen and repeat as the speaker gives the correct answer. Follow the model.

MODELO: You see: a Pablo / perderse las llaves
You say: A Pablo se le habían perdido las llaves.

1. a María / olvidarse los pasaportes en su casa

2. a sus hijos / caerse las bebidas sobre la cama

3. a Lucas / perderse las cartas

4. a nosotros / romperse la maleta

5. a ti / quedarse los cheques en el banco

6. a mí / caerse los sellos en la calle

12-21 Answer negatively the questions that you hear using the cues provided. Then listen and repeat as the speaker gives the correct answer.

MODELO: You hear: ¿Has enviado las cartas?
            You see: escribir
            You say: No, las he escrito.

1. endosar

2. comprar

3. pensar

4. cobrar

5. escribir

6. doblar a la izquierda

¿Te gusta la política?

PRIMERA PARTE
¡Así es la vida!

13-1 As you listen to the following conversation, circle the letters corresponding to all statements that are correct, according to what you hear. Listen to the tape as many times as necessary to find all the correct answers.

1. Pablo ...

   a. lee los titulares.

   b. lee la cartelera del periódico.

   c. lee la primera plana del periódico.

2. Alejandra ...

   a. buscó el periódico.

   b. lee el consultorio sentimental.

   c. quiere leer el artículo sobre Perú.

3. Pablo le dice a Alejandra que ...

   a. vea una telenovela.

   b. lea la sección financiera del periódico.

   c. lea los resultados de los partidos de tenis.

4. Pablo y Alejandra leen juntos ...

   a. la esquela y la crónica social.

   b. el editorial sobre Perú.

   c. el artículo sobre Perú.

5. Lucas puede leer ...

   a. las tiras cómicas.

   b. la esquela.

   c. el consultorio sentimental.

6. Lucas ...

   a. tiene interés en leer la cartelera.

   b. prefiere leer los deportes.

   c. elige leer el horóscopo.

7. Pablo ...

   a. quiere oír las últimas noticias en la televisión.

   b. desea escuchar una emisora que ponga noticias.

   c. no puede tolerar el comentarista de la radio.

8. Lucas ...

   a. teme que las emisoras de radio no pasen noticias.

   b. espera ver las noticias de los canales de Latinoamérica.

   c. lee el horóscopo para él y su mamá.

13-2 Answer the following questions based on the newspaper clippings below. Then listen and repeat as the speaker gives the correct answer.

MUY ESPECIAL

■ En la televisión

5:30 p.m.

51 El niño. Un programa dirigido a los nuevos padres, con Eva y Jorge Villamar.

8:00 p.m.

HIT Hablando con el Pueblo. Armando García Sifredo nos trae un programa para Miami tocando temas de interés para toda la ciudadanía. 90 mins.

8:00 p.m.

HBO Forrest Gump. Con Tom Hanks y Robin Wright. "La vida es como una caja de chocolates." Un señor cuenta las experiencias de su juventud, sus amores, y sus encuentros con personas famosas. 2 hrs.

9:00 p.m.

51 El Alburero. Con Rafael Inclán y Rebeca Silva. Un hombre amable habla en rima y trata de conquistar a las mujeres. 100 mins.

■ En la radio

Mediodía

WWFE-AM (670) Radio Fe. **La mogolla.** Alberto González en un programa de sátira política y social.

10:00 p.m.

WTMI-FM (93.1) Nocturno. Barber: Concierto de violín, Op. 14; Oliveira, violín; Orquesta Sinfónica de St. Louis; director, Slatkin; Thompson: Sinfonía No. 3 en la menoir; Orquesta Sinfónica de Nueva Zelandia; Schenk, director. Brahms: Cuarteto de cuerdas No. 2 en la menor, Op. 51; Cuarteto Janacek.

1. ...
2. ...
3. ...
4. ...
5. ...
6. ...
7. ...

NOCHE

6:00 p.m.

23 51	Noticiero
HIT	La bahía 1 hr.
TEL	Topacio Repetición

6:30 p.m.

23	Noticiero Univisión
51	Noticiero Telemundo / CNN
GAL	¡Ándale! Paco Stanley. 1 hr.

7:00 p.m.

23	Paulatina
51	Manuela
HIT	Chispita
TEL	Tele Perú

7:30 p.m.

| GAL | T.V.O. |
| HIT | Tremenda corte |

8:00 p.m.

23	Buscando
51	Película El sombrero de tres picos
GAL	La bahía
HIT	Hablando con el pueblo
TEL	Internacional video "Hit 5/10"

8:30 p.m.

| GAL | Rosa salvaje |

9:00 p.m.

23	Al filo de la muerte
51	Película El Alburero. Con Rafael Inclán y Rebeca Silva. Un hombre amable habla en rima y trata de conquistar a las mujeres. 100 mins.
GAL	Pepita
TEL	Topacio Repetición

9:30 p.m.

| GAL | Madres egoístas |
| HIT | Clásicos del teatro |

10:00 p.m.

23	Viña del mar "Festival de Canciones" (Parte 6 de 7). Desde Valparaiso, Chile. 1 hr.
GAL	Valeria y Maximiliano
TEL	Estudio abierto Luis Conte

10:30 p.m.

| 51 | Mi vida |
| GAL | La luna |

11:00 p.m.

23 51	Noticiero
GAL	Vida perdida
HIT	Oscar Aguero
TEL	Debate Repetición

ESTRUCTURAS

The future tense

13-3 Form sentences using the future tense of the verbs using the cues provided. Then listen and repeat as the speaker gives the correct answer.

1. yo / ir / a Perú el año que viene

2. tú / buscar / un canal de deportes

3. el locutor / ser / contrado / por la cadena de Miguel

4. nosotros / leer / los avisos / del periódico

5. ellos / repartir / las cartas / antes del mediodía

6. nuestro patrocinador / nos / revisar / el horario

13-4 Answer the questions you hear using the cues provided. Then listen and repeat as the speaker gives the correct answer.

MODELO: You hear: ¿Compraste los periódicos?
            You see: más tarde
            You say: No, los compraré más tarde.

1. luego   4. el año que viene

2. el mes que viene   5. mañana

3. hoy   6. a fin de mes

13-5 Form questions in the future tense using the cues provided. Then listen and repeat as the speaker gives the correct answer

MODELO: You see: (yo) poner / dinero / en el banco
            You say: ¿Pondré el dinero en el banco?

1. (ellos) tener / suficiente comida   5. (tú) querer / pasar por aquí

2. venir / mis padres esta noche   6. (nosotros) saber / cómo llegar a su casa

3. cuánto / valer / ese vestido   7. (yo) poder / comprar todo

4. caber / todos los empleados en el auto   8. hacer / buen tiempo

13-6 Answer the questions that you hear using the future tense to express probability. Then listen and repeat as the speaker gives the correct answer.

1. 4:30

2. 20 años

3. 400 pesetas

4. 30 personas

5. ningún

6. 9:15

The future perfect

13-7 Your girlfriend or boyfriend is on vacation and you are wondering what may have happened. Ask questions using the cues provided. Then listen and repeat as the speaker gives the correct answer.

MODELO: You see: tener un buen vuelo
You say: ¿Habrá tenido un buen vuelo?

1. conseguir un buen hotel

2. visitar el Museo Picasso

3. conocer gente simpática

4. poder comprar regalos

5. entrar en la Villa Olímpica

6. hablar español

7. ir a fiestas

8. nadar en el Mediterráneo

13-8 José is visiting a futurologist because he wants to know what will have occurred by the year 2000. Answer his questions as if you were the futurologist, using the cues provided. Then listen and repeat as the speaker gives the correct answer.

MODELO: You hear: ¿Habitarán los hombres Marte?
You say: No, no habrán habitado Marte.
or
You say: Sí, habrán habitado Marte.

1. Sí …

2. No, …

3. Sí, …

4. No, …

5. Sí, …

6. No, …

7. Sí, …

Double object pronouns

13-9 Answer the following questions affirmatively using double object pronouns. Then listen and repeat as the speaker gives the correct answer.

MODELO: You hear: ¿Le están enseñando el restaurante a Irma?
            You say: Sí, se lo están enseñando.

1. ¿El camarero le está dando el vino a Pedro?

2. ¿La camarera le está sirviendo la ensalada a Carmen?

3. ¿Todos quieren darle un regalo al compañero?

4. ¿Rodrigo te va a dar el dinero para pagar la comida?

5. ¿Papá les va a comprar los helados?

6. ¿Tu novia te va a cocinar langosta?

13-10 Listen to each of the following sentences. Then change the direct and indirect object nouns to pronouns. Then listen and repeat as the speaker gives the correct answer.

MODELO: You hear: Mis hermanos me dieron las tiras cómicas.
            You say: Mis hermanos me las dieron.

1. …   3. …

2. …   4. …

13-11 You are a waiter at a restaurant and everyone wants something from you. Answer the questions you hear affirmatively. Then listen and repeat as the speaker gives the correct answer.

MODELO: You hear: Camarero, ¿me trae un coctel de camarones?
            You say: Sí, se lo traigo enseguida.

1. Sí, _____ _____ _____ (conseguir) enseguida.

2. Sí, _____ _____ _____ (pedir) enseguida.

3. Sí, _____ _____ _____ (decir) enseguida.

4. Sí, _____ _____ _____ (conseguir) enseguida.

5. Sí, _____ _____ _____ (servir) enseguida.

6. Sí, _____ _____ _____ (traer) enseguida.

¡Así es la vida!

13-12 As you listen to the following conversation, circle the letters corresponding to all statements that are correct, according to what you hear. Listen to the tape as many times as necessary to find all the correct answers.

1. Renunció …

 a. un senador.

 b. un juez.

 c. el gobernador.

2. Graciela …

 a. quiere que el congreso apruebe la elección del juez.

 b. quiere que la cámara de diputados apruebe la elección del juez.

 c. quiere que el presidente elija al juez con el senado.

3. Las elecciones son para elegir …

 a. senadores.

 b. diputados.

 c. gobernador.

4. Carlos …

 a. le encantan los candidatos.

 b. le parecen un desastre los candidatos.

 c. le parece que los candidatos deben resolver problemas.

5. Raul …

 a. piensa que el plan económico es bueno.

 b. cree que ningún candidato puede resolver todos los problemas.

 c. dice que con Álvarez aumentó el desempleo.

6. Graciela …

 a. no duda que los candidatos pueden resolver muchos problemas.

 b. niega que Ortega tenga nuevas ideas.

 c. no cree que un candidato pueda resolver todos los problemas.

7. Ortega …

 a. desea proteger el medio ambiente.

 b. quiere pasar una ley sobre el aborto.

 c. dio un discurso muy interesante.

8. Álvarez …

 a. es el candidato preferido de Graciela.

 b. no tiene mucha experiencia en el gobierno.

 c. tiene pocas ideas nuevas pero mucha experiencia.

Nombre: _____ Fecha: _____

¡ASÍ LO DECIMOS!

13-13 Complete these sentences with words from **¡Así lo decimos!** Then listen and repeat as the speaker gives the correct answers.

1. El congreso está formado por la cámara de diputados y el _____.

2. El _____ es el gobernante de una ciudad.

3. La policía trata de combatir el _____.

4. El _____ y la _____ son los jefes de una

   monarquía.

5. La _____ es el tipo de gobierno opuesto a la democracia.

6. Algunos gobiernos gastan mucho dinero en _____ y armas.

7. El _____ es un tema de actualidad muy discutido.

8. Cuando no hay trabajo hay mucho _____.

9. Los _____ _____ ayudan a mucha gente

   que tiene poco dinero.

10. La protección del _____ _____ preocupa a los

    ecologistas.

ESTRUCTURAS

The conditional

13-14 Form sentences using the verbs in the conditional tense and the cues provided. Then listen and repeat as the speaker gives the correct answer.

1. yo / apoyar / la senadora

2. tú / aumentar / los deberes del congreso

3. el rey / eliminar / la inflación

4. nosotros / mejorar / la protección del

   medio ambiente

5. ustedes / elegir / el alcalde

6. yo / mantener / mi familia

7. usted / prevenir / el crimen

13-15 Form complete sentences using the cues provided and following the model. Then listen and repeat as the speaker gives the correct answer.

MODELO: You see: Paco / prometernos / él / estudiar más
                You say: Paco nos prometió que él estudiaría más.

1. Juan / decirme / él / apagar el televisor

2. yo / creer / los niños / comer menos

3. Ana / decirnos / ella y Raúl / bailar toda la noche

4. mi esposo y yo / decidir / (nosotros) / hacer menos ejercicios

5. Fernando / decirnos / tú / pintar la casa

6. la profesora decirles a los alumnos / (ella) / escribir los ejercicios en la pizarra

7. ustedes / prometernos / ellas / volver temprano

8. Andrés / creer / tú / poner la mesa

The conditional perfect

13-16 Tell what would have occurred to the following people if they had not been sick. Then listen and repeat as the speaker gives the correct answers.

1. yo / establecer / una democracia

2. tú / ir a visitar / el gobernador

3. el dictador / controlar / el voto público

4. nosotros / hacer / más discursos

5. los jueces / ver / la drogadicción

6. yo / votar / por / el nuevo presidente

7. tú / escribir / el lema / el cuaderno

8. ustedes / aumentar / los impuestos

13-17 Explain why you and your acquaintances did not follow a certain course of action, using the cues provided. Then listen and repeat as the speaker gives the correct answer.

MODELO: You see: yo / solicitar el puesto / (yo) / no tener experiencia
            You say: Yo habría solicitado el puesto pero no tenía experiencia.

1. (nosotros) / escribir las cartas de recomendación / (nosotros) / no tener tiempo.

2. yo / despedir al secretario / él / no cometió el error

3. los Ramírez / contratar a la arquitecta / ella / querer un sueldo fijo

4. yo / pedir un aumento / (yo) / temer perder el puesto

5. ustedes / ascender al nuevo contador / él / marcharse a otra compañía

Pero vs. *sino*

13-18 Form sentences using the cues provided. Then listen and repeat as the speaker gives the correct answer.

MODELO: You see: reducirá la tasa de desempleo / no combatirá la inflación
            You say: Reducirá la tasa de desempleo pero no combatirá la inflación.

1. no sería dictadora / presidenta

2. ellas querrían ganar las elecciones / no son candidatos

3. Mercedes no eliminó el desempleo / la corrupción

4. él no es el alcalde / el gobernador

5. nosotros no queremos apoyar a la presidenta / a su contrincante

13-19 Look at the following want ad and decide if the statements that you hear are **C** (**cierto**) or **F** (**falso**).

1.   C   F

2.   C   F

3.   C   F

4.   C   F

5.   C   F

Ingeniero(a) o Arquitecto(a)
25 a 40 años
5 años de experiencia mínima
Sueldo fijo más comisión por obras realizadas
Horario de trabajo: lunes a viernes de 8:00 a 15:00
Enviar currículum vitae a:
        Jefe de Personal
        Arquitec, S.A.
        Paseo San Juan 84
        Barcelona, 08090.
        Ref. 342

Al fin y al cabo

13-20 Answer the questions you hear using the cues provided. Then listen and repeat as the speaker gives the correct answer.

MODELO: You hear: ¿Llenaste la solicitud?
                You see: tener tiempo
                You say: No, no he tenido tiempo. La llenaré luego.

1. encontrar a la comentarista

2. leer el libro todavía

3. visitar el palacio

4. empezar todavía

13-21 Tell your friend what would happen if you became president. Form sentences using the cues provided. Then listen and repeat as the speaker gives the correct answer.

1. mi familia y yo / vivir / Washington D.C.

2. el congreso / resolver / problemas de los impuestos

3. yo / no establecer / una monarquía

4. el rey y la reina de España / (a mí) / visitar

5. yo / tratar de controlar / tasa de inflación

13-22 Predict what will have happened by next year. Begin your sentences **Para el año próximo ...**, and make all other necessary changes. Then listen and repeat as the speaker gives the correct answer.

MODELO: You see: Resolveremos el problema del desempleo.
                You say: Para el año próximo habremos resuelto el problema del desempleo.

1. Me graduaré.

2. Elena viajará a Costa Rica.

3. Mis padres vendrán de Inglaterra.

4. Elegiremos a un nuevo gobernador.

5. Tomarás mucha leche.

¿Cómo será nuestro futuro?

PRIMERA PARTE
¡Así es la vida!

14-1 As you listen to the following conversation, circle the letters corresponding to all statements that are correct, according to what you hear. Listen to the tape as many times as necessary to find all the correct answers.

1. Catalina quiere …

   a. una calculadora.

   b. un procesador de textos.

   c. una computadora y una impresora.

2. La mamá cree que Catalina …

   a. no necesita una computadora.

   b. necesita un procesador de textos.

   c. no necesita una impresora.

3. Catalina …

   a. será analista de sistemas.

   b. es analista de sistemas.

   c. será psicoanalista.

4. El precio que sale en la revista es …

   a. veinte mil pesetas.

   b. veintidós mil pesos.

   c. veinte mil pesos.

5. Por veinte mil pesos ofrecen …

   a. una videograbadora con pantalla a color.

   b. una computadora con pantalla a color.

   c. una calculadora con suficiente memoria.

6. La madre está enojada porque se rompió …

   a. la videograbadora.

   b. el teléfono inalámbrico.

   c. el contestador automático.

7. Por suerte Santiago arregló …

   a. el fax.

   b. el teléfono.

   c. la videograbadora.

¡ASÍ LO DECIMOS!

14-2 Listen to the following sentences and circle the letter corresponding to the word or phrase that best completes each sentence. Then listen and repeat as the speaker gives the correct answer.

1. a. el contestador automático.

   b. el cajero automático.

   c. la calculadora.

2. a. los juegos electrónicos.

   b. los fax.

   c. los discos duros.

3. a. una máquina de escribir.

   b. una computadora.

   c. una calculadora.

4. a. la finca.

   b. la pantalla.

   c. sembrar.

5. a. apagado.

   b. instalado.

   c. funcionar.

ESTRUCTURAS

The present perfect subjunctive

14-3 Form sentences using the verbs in the present perfect subjunctive and the cues provided. Then listen and repeat as the speaker gives the correct answer.

1. lamentar (tú) / yo / no / comprar / esa videograbadora

2. ojalá / tú / instalar / la microcomputadora

3. dudar (ustedes) / ella / imprimir / los informes

4. tal vez / nosotras / borrar / el archivo

5. quizás / ustedes / programar / el juego electrónico

14-4 Answer the questions that you hear. Then listen and repeat as the speaker gives the correct answer.

MODELO: You hear: ¿Habrán encendido la computadora?
            You see: Dudo que ellos …
            You say: Dudo que ellos hayan encendido la computadora.

1. No creo que (tú) …

2. Ojalá (nosotras) …

3. Quizás yo no …

4. Es posible que Catalina …

5. Tal vez para mañana (nosotras) …

14-5 Change the sentences that you hear using the cues provided. Then listen and repeat as the speaker gives the correct answer.

MODELO: You hear: Instalamos la fotocopiadora.
            You see: es bueno / nosotros
            You say: Es bueno que nosotros hayamos instalado la fotocopiadora.

1. tal vez / él

2. ojalá / yo

3. quizás / tú

4. tal vez / nosotros

5. es probable / Esteban y Natalia

The subjunctive after certain conjunctions

14-6 Form sentences using the cues provided. Then listen and repeat as the speaker gives the correct answer.

MODELO: You hear: Iremos al cine.
            You see: a menos que / hacer sol
            You say: Iremos al cine a menos que haga sol.

1. a menos que / (yo) instalar la computadora

2. antes de que / ustedes salir

3. a fin de que / (tú) poder verla

4. con tal de que / usted tener las instrucciones

5. en caso de que / ser necesario

14-7 Form sentences using the cues provided. Then listen and repeat as the speaker gives the correct answer.

MODELO: You hear: Veo a mi novio.
          You see: cuando / tener tiempo
          You say: Veo a mi novio cuando tengo tiempo.
                or
          You hear: Veré a mi novio.
          You see: cuando / tener tiempo
          You say: Veré a mi novio cuando tenga tiempo.

1. cuando / tener dinero   4. hasta que / contestarte

2. cuando / usarla   5. mientras / imprimir los avisos

3. en cuanto / terminarlos

14-8 As you listen to the following sentences, indicate in the chart whether the speaker is conveying certainty or uncertainty.

	CERTAINTY	UNCERTAINTY
1.		
2.		
3.		
4.		
5.		

14-9 Answer the questions that you hear using the cues provided. Then listen and repeat as the speaker gives the correct answer.

MODELO: (You hear)   ¿Cuándo van a comprar un teléfono portátil?
          (You see)   (nosotros) en cuanto / tener dinero
          (You say)   Vamos a comprar un teléfono portátil en cuanto tengamos dinero.

1. (yo) en cuanto / terminar la tarea

2. tan pronto como / (nosotros) llamarlo

3. en cuanto / (tú) instalarlos

4. cuando / yo terminar

5. hasta que / yo decir que no

SEGUNDA PARTE
¡Así es la vida!

14-10 As you listen to the following conversation, circle the letters corresponding to all statements that are correct, according to what you hear. Listen to the tape as many times as necessary to find all the correct answers.

1. El tema de la semana es …

   a. *Tiempo nuevo*.

   b. el medio ambiente.

   c. la energía.

2. El programa *Tiempo nuevo* se transmite …

   a. todas las semanas.

   b. una vez por semana.

   c. un día a la semana.

3. El invitado al programa es …

   a. un especialista en el medio ambiente.

   b. un asesor de energía.

   c. un político de un partido.

4. El candidato quiere …

   a. consumir los recursos naturales.

   b. gastar dinero en la protección del ambiente.

   c. depositar desechos radioactivos en lugares especiales.

5. De la Calle piensa resolver el problema de energía …

   a. creando parques nacionales.

   b. utilizando la energía nuclear.

   c. con el petróleo.

6. Según de la Calle, la energía nuclear o sin humo …

   a. produce más contaminación que la energía por petróleo.

   b. es más limpia que la energía petrolífera.

   c. es tan sucia como la energía petrolífera.

7. Las medidas del partido de de la Calle son …

   a. multar a las fábricas que arrojen desechos a la naturaleza.

   b. aumentar la despoblación forestal.

   c. emprender un programa de uso racional de los recursos.

¡ASÍ LO DECIMOS!

14-11 Listen to the following sentences and circle the letter corresponding to the word or phrase that best completes each sentence. Then listen and repeat as the speaker gives the correct answer.

1. a. multa.

   b. energía.

   c. naturaleza.

2. a. la radioactividad.

   b. el aire.

   c. la atmósfera.

3. a. despoblación forestal.

   b. medida.

   c. reciclaje.

4. a. las fábricas.

   b. la atmósfera.

   c. los recursos naturales.

5. a. aumenta la contaminación.

   b. protege la central nuclear.

   c. consume los recursos naturales.

ESTRUCTURAS

The imperfect subjunctive

14-12 Form sentences using the cues provided. Then listen and repeat as the speaker gives the correct answer.

MODELO: You see: nosotros / no / arrojar / desechos
            You say: El estado quería que nosotros no arrojáramos desechos.

1. yo / contaminar / menos / el medio ambiente

2. tú / resolver / el problema

3. el ministro / traer / soluciones

4. nosotras / emprender / un programa de reforestación

14-13 Change the following sentences to the imperfect subjunctive. Then listen and repeat as the speaker gives the correct answer.

MODELO: You hear: Es importante que vengas.
            You say: Era importante que vinieras.

1. …   3. …

2. …

14-14 Answer the following questions using the cues provided. Then listen and repeat as the speaker gives the correct answer.

MODELO: You hear: ¿Qué era importante?
            You see: yo / consumir / poco
            You say: Era importante que yo consumiera poco.

1. proteger (tú) / el medio ambiente   3. solucionarse / el problema

2. arrojar (nosotros) / desechos al aire   4. acabarse / los recursos

14-15 Change the sentences that you hear to the imperfect subjunctive. Then listen and repeat as the speaker gives the correct answer.

MODELO: You hear: El gobierno aprueba la ley de reciclaje.
            You say: No creían que el gobierno aprobara la ley de reciclaje.

1. …   3. …

2. …

The pluperfect subjunctive

14-16 Change the sentences that you hear to the pluperfect subjunctive. Then listen and repeat as the speaker gives the correct answer.

MODELO: You hear: ¡Ojalá tenga energía!
            You say: ¡Ojalá hubiera tenido energía!

1. …   3. …

2. …

14-17 Form sentences using the cues provided. Then listen and repeat as the speaker gives the correct answer.

MODELO: You see: nosotros / empezar / un programa de reciclaje
            You say: La gente esperaba que nosotros hubiéramos empezado un programa de reciclaje.

1. usted / multar / a las fábricas

2. yo / tomar / medidas

3. tú / solucionar / el problema

14-18 Change the sentences that you hear to the pluperfect subjunctive. Then listen and repeat as the speaker gives the correct answer.

MODELO: You hear: El gobierno aprobó la ley de reciclaje.
            You say: No era verdad que el gobierno hubiera aprobado la ley de reciclaje.

1. ...   3. ...

2. ...

The indicative vs. the subjunctive in *si*-clauses

14-19 Form sentences using the cues provided to express contrary-to-fact conditions. Then listen and repeat as the speaker gives the correct answer.

MODELO: You see: el país / tener / energía / el gobierno / cerrar la central nuclear
            You say: Si el país tuviera energía, el gobierno cerraría la central nuclear.

1. el hombre / cuidar / el bosque / haber / más animales

2. el programa / funcionar / (nosotros) tener / menos problemas

3. las fábricas / cumplir / con las medidas / ser / mejor

14-20 Change the sentences that you hear to reflect contrary-to-fact conditions. Then listen and repeat as the speaker gives the correct answer.

MODELO: You hear: Si enciendo el fax, consumo energía.
            You say: Si encendiera el fax, consumiría energía.

1. ...   3. ...

2. ...

14–21 Change the sentences that you hear to reflect contrary-to-fact conditions in the past. Then listen and repeat as the speaker gives the correct answer.

MODELO: You hear: Si enciendo el fax, consumo energía.
You say: Si hubiera encendido el fax, habría consumido energía.

1. … 2. … 3. …

SÍNTESIS
Al fin y al cabo

14–22 Look at the following index of an electronics company's catalog. Then listen to the descriptions of several shoppers' needs and determine what pages of the catalog they are likely to have consulted. Write the page numbers on the lines provided next to each shopper's name.

ÍNDICE

Audio
Casetes, Audio y Duplicadores 109
Discos compactos 88-89
Estéreos alta fidelidad, tipo Walkman, Accesorios 89-105
Radios, Radiograbadores 92-94, 96, 101, 106
Relojes, Radio relojes 92, 106
Televisores 61-63, 91

Calculadoras
Calculadoras y accesorios 24-27

Computadoras y accesorios
Accesorios generales 52-54
Accesorios para impresoras 51-52
Accesorios para impresoras láser 50
Computadoras, discos y accesorios 29-47
Diskettes 53
Impresoras, impresoras láser 48-50
Libros de computación 41-42
Módems 36-38
Monitores 39

Fotocopiadoras, Fax, Máquinas de escribir
Artículos de oficina, cajas registradoras 163, 170
Fotocopiadoras 164-165
Fax 155-162
Máquinas de escribir 153-155
Procesadores de texto 166-169

Teléfonos
Teléfonos, contestadores automáticos, teléfonos inalámbricos 116-123
Teléfonos portátiles 174-176

---

1. Marcos y Gerardo: _____

2. Héctor: _____

3. Los señores Herrera: _____

14-23 Listen to the following statements and tell whether they are **C** (**cierto**) or **F** (**falso**) based on the index in Exercise 14-22.

1.　　C　　　F　　　　　　　　　3.　　C　　　F

2.　　C　　　F　　　　　　　　　4.　　C　　　F

14-24 Listen to the following questions and fill in the blanks with the correct form, mode and tense of the verbs in parentheses. Then listen and repeat as the speaker gives the correct answer.

MODELO:　　You hear:　　¿Crees que tienen problemas de energía?
　　　　　　You say:　　Dudo que tengan problemas de energía. Si tuvieran problemas de energía no consumirían tanto.

1. Dudo que el televisor (estar) _____ encendido.

   Si (estar) _____ encendido, no (haber) _____

   tanto silencio.

2. Dudo que (sembrar) _____ hoy.

   Si (sembrar) _____, (oírse) _____ las

   máquinas.

3. Dudo que (haber) _____ reciclaje.

   Si (haber) _____ reciclaje, ellos nos lo (decir)

   _____.

Lab Manual
Answer Key

Hola, ¿qué tal?

1-1
1. informal
2. formal
3. informal
4. formal
5. formal
6. informal
7. formal and informal
8. informal

1-3
1. a, c, d
2. b, d
3. a, c, d
4. a, c, d
5. a, b, d
6. b, c
7. a, b, c
8. c, d
9. a, b, c
10. a, b, c
11. a, b, c
12. b, c, d
13. a, c
14. a, b, d
15. b, c, d

1-5
1. Hasta luego.
2. Mucho gusto.
3. Muy bien.

1-7
P: ¿Cuántos alumnos hay?
R: Hay doce alumnos y diez alumnas.
P: ¿Cuánto cuestan los cuadernos?
R: Dos pesos.
P: ¿Qué es esto?
R: Es una mochila.
P: ¿De qué color es?
R: La mochila es azul y gris.
P: ¿Qué hay en la mochila?
R: Hay dos libros, un cuaderno, tres plumas y cuatro lápices.

1-9
a. 2
b. 3
c. 4
d. 1

1-10 (Items mentioned:)
borrador, cuadernos, estudiantes, libros, mochila, pizarra, pluma, profesora, pupitres, reloj, sillas, tiza, ventana

1-11
a. 2
b. 5
c. 6
d. 3
e. 4
f. 1

1-12
a. 2
b. 4
c. 3
d. 3
e. 3
f. 4
g. 2
h. 1
i. 2
j. 1

1-13 (Stressed syllables appear in boldface.)
1. re**loj**
2. profe**sor**
3. **lá**piz
4. pa**pel**
5. bo**lí**grafo
6. estu**dian**te
7. pu**pi**tre
8. **Luis**
9. E**duar**do
10. borra**dor**

1-19 (Names in chart from top to bottom are:)
Fernando, Mónica, Sergio, Adriana

¿De dónde eres?

2-1
1. C
2. F
3. C
4. C
5. C
6. C
7. C
8. F
9. C
10. F

2-2
1. a, b
2. b, c
3. a, b
4. a, c
5. a, b
6. a

2-4
1. soy
2. son
3. somos
4. Yo
5. es
6. Nosotras
7. Ella
8. es
9. son
10. somos
11. es
12. Él
13. es
14. es
15. es
16. él
17. es
18. es
19. Ellos
20. Nosotros

2-9 (Answers may vary slightly.)
1. a. Víctor Alberto Berisso es el señor Berisso.
   b. Carina Livingston es la señora de Berisso.
2. a. María Fernanda Aguilar es la señora Del Grosso.
   b. Los Aguilar Zapata son los padres de María Fernanda.
3. a. Los Cerruti son los padres de Leticia.
   b. Es de Buenos Aires, Argentina.
4. a. Es la señora de Bisceglia.
   b. Es la señora de Cerruti.
5. a. Duilio Francisco Bisceglia y Rosa de Luca de Bisceglia son los padres de Marcelo.
   b. Se llama Marcelo Bisceglia de Luca.

2-10
1. b
2. a, c
3. a, c
4. a, b
5. b, c
6. b, c
7. a, b
8. b, c

2-13
1. Question
2. Statement
3. Question
4. Question
5. Question
6. Statement
7. Statement
8. Statement

2-18
Row 1: Martín / 21 / colombiano / filosofía y letras / librería / fútbol / portugués
Row 2: Manuel / 22 / chileno / administración de empresas / cafetería / camina / español
Row 3: Dolores / 20 / cubana / ingeniería / Miami / tenis / francés
Row 4: Susana / 26 / cubana / derecho / Universidad de México / tenis / francés y alemán

2-19

1. C
2. F
3. C
4. C
5. F
6. F
7. F
8. C
9. F
10. C

2-20

1. Se llama Carlos Tapia.
2. Tiene veintidós años.
3. Es argentino, pero vive ahora en Guayaquil, Ecuador.
4. La nacionalidad es argentina.
5. Habla francés, italiano, inglés y español.
6. Estudia filosofía y letras y francés.
7. Estudia en la Universidad de Guayaquil, y en la Alianza Francesa.
8. Trabaja en la Librería "Las Guayas".
9. Practica fútbol, natación y buceo.

2-21

(Answers will vary; verb forms should not.)

1. Me llamo...　(your name).
2. Tengo...　años.
3. Soy alto/a, delgado/a, trabajador(a), simpático/a...
4. Soy de...　(city).
5. Son de...　(city).
6. Estudio...　(subject or field).
7. Estudio en la Universidad de...
8. Sí, (No, no) trabajo.
9. Hablo inglés, español,...
10. Sí, (No, no) tengo hambre.

LECCIÓN 3
¿Qué estudias?

3-1

1. a, b
2. a
3. a, b
4. a, b
5. b, c

3-6

1. María e Inés toman el autobús a las ocho menos cuarto de la mañana.
2. Inés asiste a clases por la tarde.
3. Pablo va a practicar el inglés a la una menos cuarto.
4. María termina sus clases a la una.
5. Llegan a la casa a las siete y cuarto.
6. La comida es a las ocho.

3-15

1. a, b, c
2. a, b
3. b
4. a

3-25

Row 1:　Pablo / Miami / 900 / 18/12
Row 2:　Marcelo / Madrid / 332 / 30/12
Row 3:　Patricia / México / 201 / 25/12
Row 4:　Srta. Pironio / Lima / 606 / 28/6

LECCIÓN 4
Las relaciones personales

4-1
1. b, c
2. a, b, c
3. a, b
4. b, c
5. b
6. b
7. b
8. a, b

4-14
1. C
2. C
3. F
4. F
5. C

4-27
1. Es bajo, inteligente y trabajador.
2. Federico es más trabajador.
3. Está muy guapa.
4. Tiene el auto de su hermano mayor.
5. La función empieza a las diez menos veinte.
6. Piensa que hay poco tiempo.
7. Conoce las calles de San Juan.
8. No, no conoce a los primos de Federico.
9. Son chilenos.
10. Presentan un espectáculo.

LECCIÓN 5
¿Qué quieres hacer?

5-1
1. a, c
2. b, c
3. a, b, c
4. a, b, c
5. a, b, c

5-2
1. L
2. L
3. I
4. L
5. L
6. L
7. I
8. L
9. I
10. L

5-10
1. una casa
2. Pedro
3. traje de baño
4. su tía
5. un hijo

5-15
1. b
2. a, b
3. b, c
4. c
5. a
6. a

5-23 (Answers will vary.)

1. Almuerzo en la cafetería.
2. Muestran *(name of movie)* en el cine cerca de mi casa.
3. Mi libro cuesta ... dólares.
4. Sí, (No, no) vuelvo a casa después de clase.
5. Sí, (No, no) sueño todos los días.
6. Sí, (No, no) encuentro dinero en la calle.

5-31

1. C		5. C	
2. C		6. C	
3. C		7. C	
4. C		8. C	

LECCIÓN 6
La comida

6-1

1. a		5. a, b, c	
2. a, c		6. a	
3. a		7. a	
4. c		8. c	

6-13 The following numbers should be circled:
1, 4, 5, 8

6-14

1. Cortar	13. kilo
2. ají	14. Mezclar
3. Pelar	15. ingredientes
4. sartén	16. cucharadita
5. fuego bajo	17. taza
6. cucharadas	18. Cocinar
7. cebollas	19. cuchara
8. picado	20. recipiente
9. Déjalo cocinar	21. refrigerador
10. mediano	22. congelador
11. Añadir	23. hornear
12. pizca	

6-27

1. uno	7. $.99
2. salsa	8. leche
3. $1.00	9. Café
4. jugo	10. carnes
5. naranja	11. 531
6. Cinco	12. José

¡De compras!

7-1   1. b, c
     2. a, c
     3. a
     4. a
     5. a, c
     6. a, c
     7. b, c
     8. b, c
     9. c
     10. a, b, c

7-3   (Circled items should include:)
     sombreros, cinturones, guantes, sandalias, zapatos, vestido negro, blusa, bolsas, suéter, saco rayado, chaleco, sombrero, medias de lana, corbatas de seda, camisa, pantalones, zapatos de cuero

7-9   1. a, b, c
     2. b, c
     3. b, c
     4. b
     5. a, b, c
     6. a
     7. a

7-13   (Answers will vary; verb forms should not.)
     1. Almorcé...
     2. Fui a...
     3. Sí, (No, no) tuve que estudiar mucho el semestre pasado.
     4. Sí, (No, no) di...
     5. Comencé a estudiar español en...
     6. Sí, (No, no) jugué al fútbol este fin de semana.
     7. Sí, (No, no) compré algo (nada) ayer.
     8. Sí, (No, no) hablé con mis padres esta semana.

7-17   1. fue
     2. gasté
     3. compraste
     4. Anduve
     5. Primero, fui
     6. busqué
     7. llavero
     8. aros
     9. encontré
     10. dijeron
     11. pasaron
     12. eligieron
     13. llevaron
     14. tuvieron
     15. contado
     16. joyería
     17. cheque
     18. efectivo
     19. hiciste
     20. Salí;
     21. fueron
     22. seguí
     23. vitrinas
     24. entré
     25. hiciste
     26. Miré
     27. gasté
     28. pagué
     29. Compré
     30. pantalones
     31. rayada
     32. seda
     33. zapatería
     34. conseguí
     35. zapatos
     36. papelería
     37. volviste
     38. salí
     39. llegué

7-20   Row 1: Santiago / zapatería / librería / cafetería
     Row 2: Inés / joyería / cafetería
     Row 3: Marcela / papelería / droguería / cafetería
     Row 4: Pablo / librería / joyería / cafetería

LECCIÓN 8
Vamos de viaje

8-1
1. c
2. a, b, c
3. a
4. a, c
5. a, b, c
6. b
7. b, c
8. a, c

8-5 (Answers will vary; verb forms should not.)
1. No, no miraba la televisión todos los días.
2. Sí, viajaba a otros estados como Colorado y Utah.
3. Comía el desayuno a las siete de la mañana.
4. Sí, tenía muchos amigos.
5. Yo estudiaba en mi cuarto y en la escuela.
6. Cinco personas vivían conmigo.
7. Sí, escribía a mis abuelos de vez en cuando.
8. Sí, ayudaba mucho a mis padres.

8-7 (Answers will vary; verb forms should not.)
1. Iba a Washington Elementary.
2. Iba en autobús.
3. Eran siete personas en mi familia.
4. Mis abuelos eran viejos y simpáticos.
5. Mi casa era grande y amarilla.
6. Veía películas de aventura en el cine.
7. Íbamos a las montañas para pescar.
8. Jugaba al baloncesto y al fútbol norteamericano.

8-10
1. c
2. a, b
3. b, c
4. c
5. a, b
6. a, c
7. b

8-11
1. un hotel
2. un museo
3. pescar
4. la vista
5. el mapa
6. la estadía
7. una isla
8. un volcán
9. el balcón
10. ir de excursión

8-17 (Answers will vary; verb forms should not.)
1. Cuando era pequeño(a), iba de vacaciones a México.
2. Fui de vacaciones a Wyoming en diciembre.
3. Cuando estaba en la escuela secundaria, hablaba por teléfono frecuentemente con mi novio(a).
4. Ayer hablé por teléfono con mis padres.
5. Cuando tenía quince años, leía novelas policíacas.
6. La semana pasada, leí la lección ocho para la clase de español.
7. En mi escuela primaria, comía sándwiches para el almuerzo.
8. Anoche comí una hamburguesa.

8-18 Row 1: los Rodríguez / Guatemala / ruinas de Tikal, Antigua / dos semanas / una chaqueta
Row 2: Mercedes y Gabriel / España / Madrid, el Prado, Plaza Mayor / un mes / postales y libros
Row 3: Susana y Gustavo Pérez / San Juan, Puerto Rico / playa / una semana / ropa

8-19 Josefina Pereda y
      Federico Ruiz: *Stewardess and pilot walking toward Gates 1-5*
      La familia Peña: *family group walking toward the "sala de espera"*
      Pablo: *the man reading the newspaper*
      Dolores Gutiérrez: *female airline employee behind ticket counter*
      Rosa Romero: *middle-aged woman speaking with airline employee behind the counter at "Avianca"*
      Ricardo Bello: *the amused looking airline employee behind ticket counter*
      señor Ramírez: *the puzzled young man in the baggage check-in line holding pet carrier*
      Pedro: *small boy with hat looking at pet carrier*
      Ema Flores: *the young woman checking in her luggage*
      Carlos Fuentes: *the older gentleman selecting a postcard from the stand*

LECCIÓN 9

La rutina diaria

9-1
1. b
2. a
3. a
4. a, c
5. b, c
6. a, b
7. c
8. a, b, c

9-2
Third floor: Left #5; Right #6
Second floor: Left #1; Right #4
First floor: Left #3; Right #2

9-10
1. F
2. F
3. C
4. F
5. F
6. C
7. F
8. C

9-12 (Checked items should include:)
baño, cama, cocina, comedor, cómoda, cuadro, dormitorio, escritorio, escalera, jardín, lámpara, lavadora, libros, planta alta, planta baja, sala, secadora, sofá, televisor, terraza, ventanas

9-18 (Checked items should include:)
alfombra, baño, cama, cocina, comedor, cómoda, cuadro, estantes, garaje, habitación, jardín, lámpara, mesa, sala, sillas, sillón, sofá, ventana

9-22
1. Los García: "Su casa junto al mar"
2. Los Ridríguez: Residencial Los Sauces
3. Carlos Ruiz: Apartamentos Torrenueva
4. Los Torres: Residencial Montereyes

LECCIÓN 10
¡Tu salud es lo primero!

10-1
1. b, c
2. b, c
3. a, b, c
4. b, c
5. b
6. b, c
7. a

10-12
1. a, c
2. a, b
3. a, c
4. a, b, c
5. b, c
6. a, c
7. b, c
8. a, c

10-19 (Labeled body parts should include:)
brazo / ojos / corazón / hombro / dedos / frente / mano / boca / pies / cabeza / oído / cuello / estómago / garganta / lengua / oreja / nariz / pulmón

10-21
Row 1:   Todos
Row 2:   Mercedes Cuevas
Row 3:   Manuel Águilar
Row 4:   Víctor Ruiz, Manuel Águilar, Lucía Benavídez
Row 5:   Víctor Ruiz
Row 6:   Lucía Benavídez
Row 7:   Mercedes Cuevas, Lucía Benavídez
Row 8:   Lucía Benavídez
Row 9:   Mercedes Cuevas
Row 10:   Ninguno
Row 11:   Víctor Ruiz

LECCIÓN 11
¿Para qué profesión te preparas?

11-1
1. c
2. b
3. b
4. b, c
5. b
6. b, c
7. b
8. b
9. a, b

11-8
1. a, c
2. a, b, c
3. b, c
4. a, b
5. b, c
6. b

11-10
1. certainty
2. uncertainty
3. certainty
4. uncertainty
5. uncertainty
6. certainty
7. certainty
8. uncertainty

11-18 Echeverría: trabaja a comisión / seguro de vida
          Pinto: sueldo fijo / seguro de vida
          Salinas: sueldo fijo / seguro de salud / seguro de vida
          Estévez: sueldo fijo / plan de retiro
          Roldán: sueldo fijo / plan de retiro / seguro de salud / seguro de vida

11-19   1. C   3. F
         2. C   4. C

11-20   1. F   5. C
         2. F   6. N
         3. C   7. N
         4. N   8. C

LECCIÓN 12
¿Me puede decir ... ?

12-1   1. c   5. b
         2. a, c   6. a, b
         3. a, c   7. a, c
         4. b   8. b, c

12-3   1. c   4. c
         2. a   5. a
         3. b

12-8   1. a, b, c   5. a, c
         2. b   6. c
         3. a   7. a, b
         4. c   8. b

12-17   1. En el correo
           José: Man at table looking in book
           Mercedes: Woman at table putting letter in envelope
           Pedro: Little boy putting letter in slot
           Federico: Man standing at window
           Sra. de Martínez: Woman waiting in line at window

         2. En el banco
            Dr. Herrera: Man counting bills
            Los Peña: Couple seated at desk, speaking with employee
            Sra. de Romero: Woman filling out slip at supply table
            Juan: Man signing check at supply table
            Sr. Durán: Man at female teller's window, handing her his passport
            Susana: Female customer at male teller's window, passing him a signed check

¿Te gusta la política?

13-1
1. a, c
2. c
3. b, c
4. b, c

5. a, c
6. a, c
7. b
8. b, c

13-12
1. b
2. a, b
3. c
4. b, c

5. b, c
6. c
7. a, c
8. c

13-19
1. F
2. C
3. F

4. F
5. C

¿Cómo será nuestro futuro?

14-1
1. c
2. a, b
3. a
4. c

5. b
6. a, b, c
7. b, c

14-8
1. certainty
2. uncertainty
3. uncertainty

4. certainty
5. uncertainty

14-10
1. b
2. a, b, c
3. c
4. c

5. b
6. b
7. a, c

14-22
1. Marcos y Gerardo:
2. Héctor:
3. los Herrera: págs.

págs. 29-47, 48-50
págs. 174-176
88-89, 174-176

14-23
1. F
2. C

3. C
4. F